民法典
必修课

刘士国 / 主编

上海人民出版社

主　编：刘士国
撰写者：（按姓氏拼音排序）
　　　　李　霞　　刘士国　　孟高飞
　　　　王　康　　王　茜　　张　丹

━目 录━

第二课　物权编

第三课　合同编　101

第四课　　人格权编　　　　　　　159

导 读

、民法与《民法典》

　　人本质上是社会关系的总和。社会关系，即人与人的关系。在阶级社会中，社会关系的相当一部分要靠国家强制力保证实施的法律来调整。这部分社会关系即法律关系。法律关系分为私人间的关系与非私人间的关系，前者为私法关系，后者为公法关系。恩格斯说："私法在本质上只是确认单个人之间的现存的，在一定条件下是正常的经济关系。"① 私人间关系在商品经济特别是市场经济社会就是指商品交易者或者市场人之间发生的关系。市场人来自家庭，家庭担负着自然人生产和培养的主要任务，民法调整婚姻家庭关系和继承关系。我国《民法典》第一条立法目的明确规定："为了保护民事主体的合法权益，调整民事关系……制定本法。"其"民"就是指市场人，其"民事"就是市场人之间的事，即市民社会关系。马克思、恩格斯认为："市民社会是全部历史的真正发源地和舞台。"② 社会分工，决定任何阶级社会都存在商品交换，而近现代社会中，社会分工越来越细，商品交换越来越频繁，特

---

① 《马克思恩格斯选集》(第四卷)，人民出版社 1975 年版，第 248 页。
② 《马克思恩格斯选集》(第二卷)，人民出版社 1975 年版，第 88 页。

别是在市场经济条件下，任何人的需求基本都靠市场，市民交往的广泛性决定民法是近现代社会最基本的法律。我们通常所说的民法，是指市民社会的一般私法，以区别于作为特别民法的商法，规范的是一般的私人间关系。市民社会关系的最大特点就是当事人之间的地位平等，因此，我国《民法典》第二条规定，"民法调整平等主体的自然人、法人和非法人组织之间的人身关系和财产关系"，简而言之，就是调整平等主体间的社会关系。

我国经过艰辛探索，选择了中国特色社会主义市场经济体制。实践证明，这是中国唯一正确的选择，焕发了中国经济的活力，彰显了社会主义解放生产力的强大生命力。市场经济就是用市场配置各种资源，不仅包括产品的商品化，也包括劳动力、产权等一切生产要素都要靠市场配置。因此，社会主义市场经济条件下的民法调整的平等社会关系比以往更加广泛。

民法有广义民法和狭义民法、形式民法和实质民法之分。《民法典》是狭义民法和形式民法，广义民法和实质民法则包括《民法典》和《民法典》之外的一切民法规范。

《民法典》是规范基本民事关系的法律，其基本的民事关系涉及生活的方方面面。因此，《民法典》是自然人生活和生产、法人和非法人组织活动的"百科全书"。由于民法调整的社会关系具有基础性，因此民法是整个法律体系的基石。也就是说，法律上层建筑的基础是民法，它不仅仅是调整民事关系的法律，也是贯彻实施包括公法在内的一切法律的基础。正因如此，《民法典》的诞生对全面推进依法治国，对一切法律的贯彻实施都具有特别重要的意义。它不仅是民事主体发生民事关系的基本遵循，也是公权力机关行使公权力的重要标尺。

 二、《民法典》编纂、诞生、实施的历史背景和重大意义

（一）《民法典》诞生的历史背景

1. 党的十八届四中全会《关于全面推进依法治国若干重大问题的决定》提出完善社会主义市场经济法律体系，编纂《民法典》的重大任务

《民法典》是全面依法治国，完善社会主义市场经济法律制度的需要。全面依法治国的目标是实现良法善治。2011 年伊始，中国特色社会主义法律体系已经形成。但这是 1993 年修改宪法，确立社会主义市场经济改革目标后，为与这一目标相适应，提出制定社会主义市场经济需要的起支架性作用的一些基本法律包括民商事法律的标准。在《民法通则》基础上，我国在 20 世纪 90 年代初很快制定了《公司法》《票据法》《保险法》等商事法律，将原仅适用于全民所有制企业的《破产法（试行）》修改为适用于所有企业的《企业破产法》，接着制定了统一的《合同法》，出台了《物权法》《侵权责任法》《涉外民事关系法律适用法》等基本民事法律，加上《继承法》《婚姻法》《收养法》，民事法律体系已经完善。进入全面依法治国新时期，这些多年陆续制定的法律，存在不协调甚至前后矛盾之处，先制定的《民法通则》许多条款被后制定的法律所取代，也有一些新的社会关系需要法律规范，实践证明已有法律规范的个别条款已不适应新的社会情况的需要。在原有法律基础上，只有编纂《民法典》才能使民法体系更科学，内容

更完整，逻辑更严密，更符合时代需要。

编纂《民法典》，不是重新制定《民法典》，而是以现有基本民事法律为基础加以体系化，删除不合时宜的条款，增加一些社会亟须规定的新条款，也包括增加制定人格权编。2002 年《民法典（草案）》是编纂《民法典》的基础。

《民法典》是中国几代民法学人的期盼。中华人民共和国成立后，1954—1956 年我国起草了《民法典（草案）》第一稿，1964—1966 年我国起草了《民法典（草案）》第二稿，1982—1984 年我国起草了《民法典（草案）》的第三稿和第四稿，2002 年我国起草了新的《民法典（草案）》。几次《民法典》立法工作，均因特殊的原因而中止。进入全面依法治国新时期，编纂《民法典》的条件已经成熟。

2.《民法典》是党中央领导的重大立法任务

习近平总书记先后三次主持中央政治局常委会，听取《民法典》编纂工作汇报，并就重大问题作出决定。第一次会议是听取全国人大提出的编纂《民法典》的方案汇报后作出决定，即在党的领导下创新民主立法机制，在"三结合"经验基础上确定五个参与单位配合全国人大工作，充分反映社会各界意见。最高人民法院、最高人民检察院、司法部、中国社会科学院、中国法学会为参与单位，成立了民法典编纂工作协调小组；采取"两步走"，先制定总则，后编纂分编；由于民法学界对是否设立人格权编产生了严重分歧，决定人格权暂不列为一编，在总则、侵权责任编规定。第二次会议是十九大之后，由于总则对人格权仅列举规定了三条，侵权责任编难以具体规定人格权，各界意见中绝大多数赞成设人格权编，全国人大法工委和委员长会议拟采多数意见，获中央政治局常委会同意。第三次会议是在全国人大会议召开之前，全国人大法工委和委员长会议认为《民法典（草案）》已经成熟，经向政治局常委会汇报并获同意交付全国人大审议。《民法典》高票通过后，习近平总书记主持召开中央政治局学习《民法典》会议并发表重要讲话。

《民法典》各分编经全国人大常委会拆分审议，最后统合审议并经全国人民代表大会审议于 2020 年 5 月 28 日通过。

3. 十九大的胜利召开

《民法典》编纂以十九大确立的习近平新时代中国特色社会主义思想为指导，以人民利益为中心，以十九大关于社会基本矛盾的论断（人民日益增长的美好生活需要和不平衡不充分的发展之间的矛盾）为基本国情依据，创新《民法典》体系，彰显中国特色、实践特色和时代特色。十九大报告提出，依法打击和惩治黄赌毒黑拐骗等违法犯罪活动，保护人民人身权、财产权、人格权。为《民法典》人格权编的制定提供了基本遵循。

4.《民法典》实施于"两个一百年"的交汇期

《民法典》自 2021 年 1 月 1 日起实施，这一年恰逢中国共产党建党一百周年，是在完成我国第一步全面建成小康社会战略目标，在第二个战略目标——用 15 年时间到 2035 年基本实现社会主义现代化——起步之时生效。《民法典》必将助力这一目标的实现，并将面向第三步战略目标——再用 15 年时间到 2050 年（2049 年 10 月 1 日新中国成立一百周年）建成社会主义现代化强国以至更远，长久实施。

5.《民法典》的诞生和实施，面临新冠疫情引发的严峻国际环境

原计划于 2020 年 3 月提交全国人大审议的《民法典》因新冠疫

情影响推迟两个多月。疫情致外部需求萎缩，一些产业链供应链断裂，必须重构国内市场并坚持改革开放。《民法典》为降低风险损害提供了法律依据（如情势变更原则）。《民法典》在征收征用条款中增加规定了防控疫情需要的内容。《民法典》为维护国家安全，提供了法律武器。

（二）《民法典》的重大意义

1. 为全面推进依法治国提供基本依据

民法是法律的基石，是自然人生活、法人和非法人组织活动的"百科全书"，是新中国成立以来唯一以"典"命名的法律，是固根本（市场经济制度）、稳预期（实现发展战略）、利长远（中华民族伟大复兴）的基本法律。民法调整平等社会关系，社会主义市场经济主要是以市场配置各种生产要素，因此民法具有基础性，是社会治理的基本依据。从这个意义上说，公法都是以维护私法确立的基本经济制度、民事主体的民事权利为目的的。因此，全面依法治国，要以民法典为基本遵循。

2. 充分保障民事主体合法权益

《民法典》规定了市场人的平等地位，充分规定了民事主体享有的广泛民事权利，包括多种人格权、婚姻等身份权，以所有权为核心的各种物权，以合同为主的各种债权、各种知识产权、继承权以及股权等商事权利。《民法典》以权利为本位，以总则"民事权利"一章统领《民法典》体系，是中国人民的权利宣言书。

《民法典》规范了现代科学技术发展、城市化产生的复杂多样的人身关系和财产关系，规范了医疗、网络、大数据和当代人权发展产生的新型民事权利义务关系，具有时代特色。

3. 为公权力行使确定精准标尺

《民法典》规定了行政机关实施民法的任务，规定了司法机关的裁判依据。《民法典》也规定了公权力行使的界限，依法为民事主体权利的行使提供服务，依法履行管理职责，在民事主体请求时予以调处、裁判。

4. 推进市场经济改革，助推实现国家治理能力现代化

中共中央、国务院在《民法典》通过前作出《关于新时代加快完善社会主义市场经济体制的意见》。《民法典》的一些新规定与改革密切相关，如多种分配方式、"三权分置"、城乡建设用地同价、保理合同、居住权等。

国家治理能力是运用国家制度管理社会各方面的能力。国家治理的关键是完善制度体系。《民法典》是国家治理法律体系的基础性大法，是国家治理的基本遵循。

5.《民法典》是实现民族复兴的伟大法典，增强了国际话语权，为民事立法贡献了中国方案

近现代社会的国际经验是，任何国家走向强大，必须有先进的民法。英美法系国家有判例法形成的先进的财产法、契约法、侵权行为法等民法体系，大陆法系国家有先进的民法典，如法、德、日等国。

《民法典》提升了我国参与国际规则制定的话语权，彰显了社会制度的优越性。比如人格权编世界独树一帜。人格权就是人权，表明我国立法对人权的保护是最先进的。人格权中涉及人体基因医学和研究，为生物安全提供了依据；关于侵权民事责任的规定，体现世界公认的

法理——承担赔偿责任以人的侵权行为为条件，为应对所谓的"疫情诉讼"提供法律依据。

《法国民法典》是19世纪影响世界的民法典，《德国民法典》是20世纪影响世界的民法典。1922年《苏俄民法典》在一定时期影响了社会主义国家，但严格的计划经济未能使民法典很好实施。我国《民法典》伴随中国特色社会主义取得的重大成就，为21世纪世界民法科学提供了中国方案、中国样本。从国际社会主义发展史观察，认真贯彻实施《民法典》，就是坚持中国特色社会主义道路，而这一道路的成功，决定了《民法典》的成功和国际影响。

三、《民法典》的中国特色、基本内容和若干新规定

（一）体系创新，弘扬社会主义核心价值观，继承中华民族优秀法律文化

《民法典》体系分七编：总则编、物权编、合同编、人格权编、婚姻家庭编、继承编、侵权责任编，以及附则。人格权、侵权责任两编为中国独创。依据我国国情总则编法人分为营利法人、非营利法人和特别法人三种，是目前各国《民法典》中法人分类最科学的。我国《民法典》无债编，但在总则编中保留了债权的概念，以适应侵权责任逐渐成为民法的重要领域、在《民法典》中应独立为一编的时代需要，而不再受已经过时的债编体系的束缚。核心价值观在《民法典》特别是总则编中集中体现。平等、自愿、公平、诚信四项原则分别体现了

社会主义核心价值观的平等、自由、公正、诚信，违约责任、侵权责任中的道路交通事故责任、医疗侵权责任、产品责任、安全关照义务的违反责任以及法人对其工作人员的责任集中体现了敬业的社会主义核心价值观，公序良俗原则强调的遵守社会公共秩序则集中体现了爱国的社会主义核心价值观。公序良俗原则、诚信原则、英烈名誉权保护、赔礼道歉责任方式、婚姻家庭编规定优良家风建设、继承等均有中国元素，继承了中华民族优秀法律文化。

（二）巩固和完善中国特色社会主义的经济制度

《民法典》物权编在原物权法规定国家坚持和完善公有制、多种所有制经济共同发展，按劳分配和社会主义市场经济体制等社会主义基本制度的基础上，增加规定"多种分配方式"。按劳分配是基础，除此之外，按投资的资产分配、国家提供的低保分配方式、通过税收缩小两极分化的分配方式等都是客观存在并符合社会主义本质要求的分配方式。增加多种分配方式的规定，进一步完善了中国特色社会主义的经济制度。物权编规定无人居住海岛国家所有，对维护国家主权具有重要意义。《民法典》新增农地"三权分置"规定，以适应在农民获得的"土地承包经营权"基础上将其中的"经营权"转给他人，以利于现代农业发展的需要。《民法典》物权编增加规定居住权专章，为等价有偿房屋租赁关系之外的房屋居住关系提供了法律依据，也为深化人才制度改革，通过提供居住权为解决人才引进住房困难的问题提供了新的物权制度保障。

（三）人格权独立成编维护人民人格尊严

按照自然人与法人和非法人组织分类，《民法典》明确规定了十二种人格权，即自然人享有生命权、身体权、健康权、姓名权、肖像权、名誉权、荣誉权、隐私权、婚姻自主权，法人和非法人组织享有名称权、名誉权和荣誉权。自由、尊严、个人信息实际是自由权、尊严权和个人信息控制权。因此《民法典》实际上是规定了十五种人格权。不仅如此，《民法典》关于自然人人格权的规定用了"等"字，表明并不限于已经列举的人格权，根据社会发展被社会普遍承认的人格权均受法律的保护。应对大数据产业发展与个人信息保护的需要，民法典对个人信息保护作出了具体规定。《民法典》进一步作出应对器官捐献、人体试验及人体胚胎和基因研究等医疗和科研活动应遵循的伦理基本规则，对应对性骚扰事件等作出了单位预防的具体规定。

（四）侵权责任独立成编

《民法通则》将"民事责任"作为一章，后来在其中侵权责任规定的基础上制定了我国的《侵权责任法》，彰显了中国民法的特色。《民法典》编纂在《侵权责任法》基础上设立侵权责任编置于《民法典》其他各编之后，保护之前各编规定的民事权利，包括合同当事人不受第三人侵害的权利，使《民法典》体系臻于完美。侵权责任独立成编，突出了民法典的时代特色，因为制定于马车时代的法国、德国、日本民法典不可能将侵权责任独立成编，《侵权责任法》的丰富内容出现在20世纪之后，而我们的《民法典》正是这些现代侵权责任丰富内容的凝练。《民法典》对侵权责任的创新，主要表现在完善生态破坏责任，将《侵权责任法》"环境污染责任"一章修改为"环境污染和生态破坏责任"，规定了惩罚性赔偿和与恢复原状不完全相同的修复责任，使《民法典》总则编规定的绿色原则更为具体化。

四、《民法典》是自然人生活的百科全书

《民法典》编纂以习近平新时代中国特色社会主义思想为指导，以人民利益为中心，规定了自然人生活的广泛民事权利。依据《民法典》规定，自然人从出生到死亡终身享有民事权利能力。自然人的民事权利能力是享有民事权利和承担民事义务的资格。享有民事权利，不仅意味着现行法律规定的民事权利自然人可以享有，而且将来法律规定的民事权利自然人届时也可以享有。依据《民法典》第十四条的规定，自然人的民事权利能力一律平等。这是不管自然人财产状况、性别、职业、民族、宗教信仰等情况一律平等。依照《民法典》规定，自然人的人身自由、人格尊严受法律保护，享有生命权、身体权、健康权、姓名权、肖像权、名誉权、荣誉权、隐私权、婚姻自主权等人格权，享有受抚养、扶养、赡养等身份关系中的权利，享有所有权和其他各种物权、合同权利等债权、继承权、损害赔偿请求权等各种财产权，享有著作权、商标权、专利权等知识产权，享有股权等投资性权利。

《民法典》规定自然人享有行为能力。行为能力是以自己的行为参与民事法律关系享有民事权利并承担民事义务的资格。《民法典》依据自然人的年龄和智力状况，将自然人分为完全民事行为能力人、限制民事行为能力人、无行为能力人。完全民事行为能力人可以进行一切民事活动。限制民事行为能力人可以独立进行与其年龄、智力状况相适应的民事活动。对无完全民事行为能力人，《民法典》设立监护人制度协助或者代替无完全民事行为能力人进行民事活动。《民法典》贯彻

自愿原则，各种合同行为均尊重当事人的意愿，规定婚姻自由、遗嘱自由，充分保障自然人按照自己的意愿进行民事活动以实现自己的民事权益。《民法典》也进一步规定了哪些行为有效、哪些行为无效、违反民事义务应承担的法律责任，以促使行为人依法行使权利，自觉履行义务，维护正常的民事法律关系。

《民法典》是自然人生活的百科全书，广泛的重要的民事关系都可以在《民法典》中找到法律依据。《民法典》在原有法律的基础上，进一步创新规定人格权编，居住权、物业服务合同、保理合同等各章，删除不宜结婚的疾病等原有法律的条款，新增多项保护自然人权利的规定。自然人学好《民法典》，将会使自己生活得更明白、更美好。

五、《民法典》是企业管理人员管理企业的基本准则

民法调整平等主体的自然人、法人、非法人组织之间的人身关系和财产关系，而法人、非法人组织中的企业即营利法人和营利非法人组织在市场经济发展中是生产和扩大再生产的主力军。马克思主义认为，"直接从生产和交往中发展起来的社会组织，这种社会组织在一切时代都构成国家的基础……"[1]企业就是从生产和交往中发展起来的现代组织，不仅承担社会生产和扩大再生产的主要任务，而且承担着社会就业的重任。企业家和其他企业管理人员是光荣的职业，承载着社

---

[1] 《马克思恩格斯选集》(第一卷)，人民出版社1995年版，第131页。

会的依赖和期望。实践证明，依法经营是企业发展的保证。由于营利法人和营利非法人组织是组织体，其行为能力主要依赖企业管理人员行使，因此企业管理人员学好用好《民法典》具有特殊的重要意义。

《民法典》虽总体上各部分与企业管理人员相关，但关系更为密切的是总则、物权、合同、侵权责任四编。总则编基本原则和法人、民事法律行为、代理、时效，是企业经营的基本规定，而物权、合同两编涉及企业的各种物权、各种合同行为。侵权责任编的网络侵权责任、交通事故、环境污染、高度危险责任与企业经营关系密切。其他各编也与企业管理人员的工作有关，如人格权编涉及的隐私权与个人信息保护、预防性骚扰，婚姻家庭编涉及产假及继承中的股权的继承，也都是企业需要面对的问题。

企业肩负市场经济改革和发展的任务，企业管理人员应重点关注《民法典》中促进市场经济改革的新规定。如多种分配形式新规定，涉及网络游戏新业态；农地"三权分置"，涉及企业获取农民承包土地的经营权，以发展现代农业、旅游业；居住权的新规定涉及房地产开发人才公寓的产权关系；保理合同新规定为企业利用保理业改善经营及保理业发展提供了依据。

学好用好《民法典》，也是企业管理人员从体系上掌握其他民商事法律的基础。我国《民法典》总则编"民事权利"一章是《民法典》的核心和纲目，是统领《民法典》体系及《民法典》与法典之外的民事法律和商事法律的关键的一章。本章规定了知识产权，有助于企业管理人员从法律体系上掌握知识产权是民法典之外的民法的一部分。本章关于股权和其他投资性权利的规定，有利于企业管理人员从法律体系上掌握票据法、证券法等商事法律。当然《民法典》总则编"法人"一章的规定，也是企业管理人员掌握公司法、破产法的基础，而保险法则与合同编通则关系密切。学好《民法典》，才能更好地学习商法。

、国家机关工作人员贯彻执行《民法典》的任务

《民法典》规定了国家机关及其工作人员贯彻执行《民法典》的具体任务。《民法典》作为民事基本法，要靠国家强制力保证实施，这就决定了国家机关及其公务员贯彻执行《民法典》的重要任务包括执法和司法。

政府是具体的执法机关，国家机关及其工作人员执行《民法典》的任务主要是：

第一，完成各项《民法典》规定的登记任务。依据《民法典》规定，自然人出生、结婚和离婚、死亡要在户籍管理部门或者婚姻管理部门登记；营利法人和营利非法人组织的成立、变更、终止要在工商行政管理部门登记，非营利法人和特别法人应经有关部门批准设立、变更或者终止；房屋需在房屋登记管理部门登记，船舶、航空器应在相应管理部门登记；农民的土地承包经营权或者进一步分离的经营权、宅基地使用权、林地承包经营权或者进一步分离的经营权、草地等的承包经营权或者进一步分离的经营权，以及长期居住权均应依法在有关管理部门登记。登记才可取得这些财产的物权，才发生对抗第三人权利的效力。

第二，《民法典》规定了国家机关及其工作人员保护民事主体民事权利的任务。这方面的任务对公检法机关尤为突出，可以说是公检法机关的根本任务所在。公安局设有民警、森林警察、水上公安组织，

其职责都是维护公共安全，保护民事主体的人身权、财产权、人格权。法院的民事审判，保护民事主体的民事权益，刑事审判只是通过追究犯罪人的刑事责任保护人民人身权、财产权和人格权。人民检察院不仅代表国家提起刑事诉讼保护民事主体民事权利，而且民事审判监督工作不断推进，通过履行民事审判监督职能保护民事主体的合法权益。《民法典》总则编"自然人"一章，规定人民法院根据利害关系人或者有关组织的申请，作出限制行为能力人、无行为能力人宣告的任务，规定了居民委员会、村民委员会、民政部门对近亲属以外的人担任监护人的同意权力及担任临时监护人的职责，规定了对指定监护人不服的或者针对直接提出申请由人民法院指定监护人的权力。对监护人严重损害被监护人的行为，《民法典》规定居民委员会、村民委员会、学校、医疗机构、妇女联合会、残疾人联合会、未成年人保护组织、老年人组织、民政部门等可以向人民法院申请撤销监护人资格。失踪宣告、死亡宣告，涉及自然人的保护或者权利能力，《民法典》规定只有人民法院可以根据利害关系人申请依法予以宣告。

第三，公权力机关及其工作人员，必须为民事主体享有和行使民事权利提供充分的保障和优质高效的服务。这是由公权力机关及其工作人员为人民服务的宗旨决定的。公权力机关必须提高办事效率，在办理企业审批时尽量做到"一网通办"，办理个人出入境手续、货物通关手续时，也要尽量提高办事效率，创造优良的营商环境，提供优质服务。尽管《民法典》编纂尽量对政治性权利不作规定，但某些宪法规定的公民基本政治权利，也是民法的渊源和依据，具有政治权利与民事权利的双重属性，民法不可能不作规定。《宪法》规定的公民生命权、健康权同时也是基本的人格权，《民法典》作出进一步具体规定。以健康权为例，自然人对国家提供的医疗资源、休闲健身资源，如医院、救护车、公园、公共体育器材等有享用权，这是健康权的应有内容。国家应尽量为自然人提供健康所需的物质保障条件。

七、关于学习《民法典》的建议

（一）认真学习贯彻习近平总书记重要讲话

习近平总书记《充分认识颁布实施民法典重大意义，依法更好保障人民合法权益》重要讲话，纵览全局、高瞻远瞩，深刻阐述了《民法典》的地位、特色，对《民法典》的宣传教育、相关法律的完善、执法司法活动、普法工作、理论研究提出了具体要求，是学习贯彻《民法典》，推进法治国家建设的指导性文献。

（二）全面开展学习宣传《民法典》活动，将《民法典》纳入国民教育体系

学习宣传《民法典》要全覆盖，进机关、进社区、进学校、进企业、进单位，利用生动活泼的各种形式普及《民法典》知识。报纸杂志、广播电视应开展灵活多样的普法宣传。《民法典》只有被人民群众掌握，才能变为维护人民群众利益的法律武器、遵守法律的自觉行动，使《民法典》真正成为法治社会建设的基本遵循。

（三）抓住关键少数，提高领导干部执法水平和企业管理人员的依法经营管理能力

《民法典》的实施，领导干部和企业管理人员是关键，是学习宣

传《民法典》的主要参与者。学习《民法典》，对领导干部和企业管理人员的要求和普通群众是有区别的。领导干部和企业管理人员只有对《民法典》学深悟透（主要是与主管工作相关部分），才能正确实施《民法典》。领导干部和企业管理人员应结合自己的工作，对《民法典》的相关规定，必须了解其是怎么形成的、确切的含义是什么、如何与具体工作和具体事例对接与调适。甚至还应了解一些立法有较大争论、法典没有进一步规定的问题，或者说法律的原则规定虽可涵摄，但尚无具体的法律规范该如何处理，比如网络游戏（服务合同）、尊严死（生命尊严受法律保护）、同性恋（婚姻家庭受法律保护，有夫妻规定，无男女规定）等问题。

（四）以《民法典》为依据，推进市场经济体制和营商环境改革，积极消解新冠疫情影响

保理业在全国已有一定发展基础，应依据民法的保理合同的规定，充分发挥保理机制在应收账款、信用担保、资信评估、销售账户管理等方面的作用，以此改善营商环境。游戏网络新业态作为市场新主体、游戏合同作为新型服务合同，既能满足部分人的需求，也是新的一种分配方式，应规范引导其健康发展。以《民法典》进一步完善的高空抛物坠物及业主节约自然资源、保护生态环境义务的新规定，加强社区治理，严防高空抛物、坠物，守护人民群众的"头顶上的安全"。进一步推进农村"三权分置"、建设用地城乡同价、生态修复等方面的改革。

利用居住权规定，改革人才引进制度，对高级人才利用人才公寓，设立长期居住权并进行居住权登记，破解部分地区人才引进的住房困境。

（五）以《民法典》为基本依据，进一步完善、清理地方性法规和规范性文件

应依据《民法典》制定数据、保理、网络游戏管理等全国性或者地方性新法规，清理修改法规文件以与《民法典》一致。

《民法典》颁布后，深圳发布了《深圳经济特区数据条例（征求意见稿）》，在《民法典》基础上，进一步规定了数据权，规定自然人个人数据权、公共数据的数据权、法人和非法人组织的数据权，有很大创新，也存在许多需要探讨的问题。数据产业发展较快的地区，应加强对个人信息法律保护，并兼顾信息产业、医药产业的发展，严格规范人类基因、人类胚胎、生物样本库等医学研究工作。数据立法需地方创造经验，有条件的地方立法机关应考虑推进数据条例的制定工作。

有必要依据《民法典》的相关规定，制定国家或者地方的保理条例、网络游戏条例。

（六）党政机关各职能部门，结合《民法典》的学习进一步明确本部门实施《民法典》的主要任务

各职能部门学习《民法典》，不仅要掌握《民法典》编纂的历史背景、重大意义、中国特色、新内容，也要结合本部门的实际情况，理清涉及本部门的主要条款，明确本部门实施《民法典》的具体任务。

只要各部门各司其职，协力推进《民法典》的贯彻实施，就一定会在"民法典时代"不断推进法治中国建设，将国家建设得更美好，更加充满活力，更加绚丽多彩！

第一课

总则编

一、本编要义

（一）《民法典》总则编在《民法典》中的作用

2017 年 3 月 15 日，第十二届全国人民代表大会第五次会议经表决通过了《民法总则》，作为《民法典》的开篇之作，《民法总则》开启了中国的民法典时代。2020 年 5 月 28 日《民法典》正式颁布，将《民法总则》纳入成为《民法典》总则编，作为《民法典》的总纲，总则编在《民法典》中起着统领性的作用，规定了民事活动必须遵循的基本原则和一般性规则，构建了我国民事法律制度的基本框架，其他各分编依据总则进行具体规定。

对于《民法典》的编纂，我国采取的并不是将不同单行法进行简单汇编的立法模式，而是对于各分编中具有共性的一般规则、基本原则等进行概念化、抽象化，采用类似于数学上"提取公因式"的方法，由总则编加以规定，然后再通过各分编使之具体化，从而形成由抽象到具体的逻辑严密的法典体系。

总则编在规定和适用上指导和引领各分编。总则编立足于中国国情，从实际出发，解决实际问题。许多制度和规则都是为了解决我国的具体问题而设计的，充分体现了时代精神和时代特征。

（二）《民法典》的调整对象、立法目的和基本原则

1.《民法典》的调整对象

所谓民法的调整对象就是民法规范所调整的社会关系。根据《民法典》总则编第二条的规定，我国民法调整的是平等主体之间的人身关系和财产关系。这里所说的平等主体，是指在参与民事活动时主体之间是平等的，包括：第一，法律地位平等，双方任何一方在抽象人格上都不能凌驾于另一方；第二，平等地参与民事活动，任何一方都不能将自己的意志强加给另一方；第三，适用的规则相同，双方在民事活动中都适用同一部《民法典》或其他法律；第四，对于权利的保护平等，在权利受到侵害之时，都应当平等地受到法律的保护和救济。

需要注意的是，虽然政府部门和自然人或者企业等组织之间，在一般意义上不具有平等关系，但是，当政府作为民事主体参与买卖、租赁、承揽等民事活动的时候，它与自然人和企业应处于平等的法律地位，都应受《民法典》的调整。

《民法典》总则编对民事主体进行了列举式的规定，包括自然人、法人和非法人组织。自然人是最为重要的民事主体，是指基于自然规律出生并具有民事权利能力的人，不仅包括中国公民，还包括我国领域内的外国人和无国籍人。法人即法律基于社会需要，给予符合一定条件的组织以法人资格，可以独立地享有民事权利履行民事义务，并且独立地承担民事责任。而除自然人和法人之外，对于第三类民事主体，包括个人独资企业、合伙企业以及不具有法人资格的专业服务机构。《民法通

则》采用"其他组织",而《民法典》总
则编则采用"非法人组织",以强调与自
然人和法人之间的区别及联系。

　　《民法典》调整平等主体之间的人身
关系。所谓人身关系,就是指与人身不可
分离、基于彼此的人格和身份而形成的法
律关系,该法律关系没有直接的财产内
容,包括人格关系和身份关系。人格关系
就是自然人基于彼此人格或者人格要素而
形成的相互关系。这些关系在《民法典》
上表现为自然人和法人的人格权。而身份
关系就是民事主体基于一定的身份而产生
的相互关系。比如因婚姻而产生的夫妻之
间的关系,因血缘和扶养而产生的父母子
女之间的关系等。

　　《民法典》调整平等主体之间的财产
关系。所谓财产关系,就是基于财产归属
和流转所产生的权利义务关系。财产归属
关系,就是指因财产的占有、使用、收
益、处分而产生的权利义务关系,因此又
被称为静态的财产关系;财产流转关系
是指因财产的流通和交换而产生的社会关
系,也被称为动态的财产关系。

　　所谓立法目的,即立法宗旨,是指制
定法律所欲达到的社会目的。

> 关于立法目的,《民法典》第一条规定:"为了保护民事主体的合法权益,调整民事关系,维护社会和经济秩序,适应中国特色社会主义发展要求,弘扬社会主义核心价值观,根据宪法,制定本法。"

《民法典》的立法目的包括以下几点：一是保护民事主体的合法权益。《民法典》以权利为本位，民法最基本的职责在于对民事权利的确认和保护。我国《民法典》是以权利为逻辑起点而构建的，总则编规定了民事主体，确认了权利归属；法律行为实际上规定了主体如何行使权利；而各分编以权利为内容展开，形成了物权、债权、人格权等具体的权利体系。并且，民法为了保护民事主体权益不受侵犯，设置了民事责任制度，切实维护当事人的权益。二是调整民事关系。《民法典》通过明确权利与义务的边界、规定违反法律的后果等方式，调整平等主体之间的人身关系和财产关系。三是维护社会和经济秩序。所谓秩序，就是社会各个要素之间达成的和谐而稳定的状态。《民法典》通过维护个体的权利，建立起社会个体之间的生活秩序；通过确立和维护婚姻、家庭等社会秩序，使得社会生活处于和谐稳定的状态；通过建立交易规则，使得社会经济和谐有序地运行。四是适应中国特色社会主义发展要求。《民法典》的编纂，有着深刻的历史背景。法律作为上层建筑，由经济基础决定，当前我国正处于建设中国特色社会主义的历史新时期，编纂《民法典》成为适应社会经济发展，满足人民群众法治需求的重要举措。五是弘扬社会主义核心价值观。在《民法典》的编纂过程中，立法者将社会主义核心价值观注入其中，坚持德法融合，用法律的权威促进人们践行社会主义核心价值观，也用价值观的坚强内核，进一步塑造法律的权威性与正当性。在民事活动中践行社会主义核心价值观，体现了依法治国和以德治国的有机结合。

2.《民法典》的基本原则

所谓民法的基本原则，就是高度抽象的、最具一般性的民事行为规范和价值判断准则，其效力贯穿于民法始终。它是民事立法、司法以及民事主体进行民事活动的基本准则，并且是理解民事法律规范、解释法律、弥补法律漏洞的基本依据。《民法典》延续了原《民法通则》基本原则中的合法权益受法律保护原则、平等原则、自愿原则、诚实信用原则以及公平原则。同时，《民法典》第八条在合法原则中增加了公序良俗的内容，变为合法和公序良俗原则。第九条还确定了一条全新的基本原则，即"生态环境保护原则"，也被称为"绿色原则"。鉴于有些原则含义比较明确，以下仅对诚信原则、公序良俗原则、公平原则略作解释。

所谓诚信原则，是指所有民事主体在从事任何民事活动，包括行使民事权利、履行民事义务、承担民事责任时，都应该秉持诚实、善意，不欺不诈，言行一致，信守诺言。诚信原则作为民法最为重要的基本原则，被称为民法的"帝王条款"。

诚信原则贯穿于整个《民法典》之中，比如基于诚信原则而产生的附随义务，表明了在交易中双方应诚实不欺，信守诺言，促成交易的完成，又如违约之后当事人之间共同的止损义务亦表明了在民事活动中，双方当事人应当遵守诚实信用，在损害发生之后，共同努力，尽可能

《民法典》第七条规定："民事主体从事民事活动，应当遵循诚信原则，秉持诚实，恪守承诺。"第五百零九条第二款规定："当事人应当遵循诚信原则，根据合同的性质、目的、交易习惯履行通知、协助、保密等义务。"

《民法典》第五百九十一条规定："当事人一方违约后，对方应当采取适当措施防止损失的扩大；没有采取适当措施致使损失扩大的，不得就扩大的损失请求赔偿。"

地阻止损害的进一步扩大，从而平衡双方当事人之间的利益。诚实守信是市场活动的基本准则，是保障交易秩序的重要法律原则，它和公平原则一样，既是法律原则，又是一种重要的道德规范。

所谓公序良俗，即包括公共秩序和善良风俗两个方面。公序，即社会一般利益，包括国家利益、社会经济秩序和社会公共利益；良俗，即一般道德观念或良好道德风尚，包括社会公德、商业道德和社会良好风尚。《民法典》进一步确认和强化"公序良俗"，共提及八次，当存在损害国家利益、社会公益和社会道德秩序的行为，而又缺乏相应的强制性法律规定时，法院可依据公序良俗原则认定该行为无效。**在司法实践中，最为著名的案例应属"四川泸州继承案"，死者将其遗产遗赠给作为情人的"第三者"，而法院最终认为该行为因违反社会公序良俗而无效。蒋某与黄某系夫妻关系，1996 年黄某与张某相识后，两人开始在外租房同居生活，2001 年初，黄某患肝癌晚期住院治疗，住院期间一直由妻子蒋某及其家属护理照顾，2001 年 4 月黄某立下公证遗嘱将自己名下部分财产遗赠于张某。黄某**

《民法典》第八条规定，"民事主体从事民事活动，不得违反法律，不得违背公序良俗"，将公序良俗确定为民法的基本原则。第一百五十三条规定，违反法律、行政法规的强制性规定，违背公序良俗的民事法律行为无效。该条将符合公序良俗原则作为认定民事法律行为有效的必备要件。

去世后，张某要求蒋某交付遗赠财产遭蒋某拒绝，张某遂诉至法院，泸州市中级人民法院认为虽然黄某在作出遗嘱时具有完全行为能力，系真实意思表示，形式上合法，但是内容上却违反了法律和社会公共利益，故认定黄某的遗赠行为无效。

随着《民法典》的颁布与实施，"公序良俗"将不再是人们内心的道德评判，而是判定民事行为效力的重要依据，其价值在于将道德伦理规范引入法律适用，起到扩充法律渊源、弥补法律漏洞的作用。

所谓公平原则，是指民事主体在从事民事活动时应秉持公平理念，公正、平允、合理地确定各方的权利与义务，并依法承担相应的民事责任。公平原则体现了民法促进并维护社会公平正义的价值理念，对指导并规范民事主体的行为有着重要作用。公平原则既是一项当事人的行为准则，要求民事主体公平地从事民事活动，以维持当事人之间的利益均衡，也是一项法官的司法准则，要求裁判者在民事司法活动中维持民事主体之间的利益均衡。

在《民法典》合同编中，公平原则的体现最为突出。如合同编对于格式条款的效力规定，提供格式条款的一方须遵守公

《民法典》第六条规定："民事主体从事民事活动，应当遵循公平原则，合理确定各方的权利和义务。"

《民法典》第四百九十六条第二款规定,采用格式条款订立的合同,提供格式条款的一方应当遵循公平原则确定当事人之间的权利义务关系;第四百九十七条第二项规定,提供格式条款的一方不合理地免除或者减轻其责任、加重对方责任、限制对方主要权利的格式条款无效。
《民法典》第一千一百八十六条规定:"受害人和行为人对损害的发生都没有过错的,依照法律的规定由双方分担损失。"

平原则,否则该条款可能被认定为无效,这是考虑到签订格式条款之时,由于是事先拟定可能导致对方的意思未能充分表达,从而使双方在交易中处于不平等的地位。又如侵权责任编中关于损失分担的规定,亦是基于公平原则,尽管双方都没有过错,但需要根据法律的规定,进行损失的分担,防止一方遭受过大的损失。

《民法典》合同编还在我国立法史上首次建立了情势变更制度,即在合同成立后,发生了订立合同时无法预见的、不属于商业风险的重大变化,继续履行合同对于当事人一方明显不公平的,受不利影响的一方当事人可以与对方重新协商;协商不成的,可以请求人民法院或者仲裁机构变更或者解除合同。该制度也是基于公平原则而维持当事人之间的利益均衡,防止一方因客观原因变化而处于明显不利地位。

(三)《民法典》总则编的新内容

《民法典》为了适应新时期的需要,在《民法通则》的基础上,增添了许多新的内容,可以说《民法典》总则编适应新时期社会经济基础,能够更好地调整当下的民事法律关系，维护社会经济秩序，是对《民法通则》的一次全面而系统的"升级"。其"新"体现在以下几个方面：

总则编第九条确立了"绿色原则"，即民事主体从事民事活动，应有利于节约资源、保护生态环境。从总体上对所有民事活动要遵守的环保义务作了一个总括性的规定，为后面各编围绕着"绿色原则"加以贯彻提供了基础。《民法典》三个分编分别对"绿色原则"作出了规定。在物权编中提出不得违反国家规定弃置固体废弃物，排放大气污染物、水污染物、土壤污染物、噪声、光辐射、电磁辐射等有害物质；强调用益物权人行使权利，应当遵守法律有关合理开发资源、保护生态环境的规定；设立建设用地使用权，应当符合节约资源、保护生态环境的要求。在合同编中规定当事人在履行合同过程中，应当避免浪费资源、污染环境和破坏生态。签订买卖合同对包装约定不明且无通用包装方式的，应当采取足以保护标的物且有利于节约资源、保护环境的包装方式。在侵权责任编中将《侵权责任法》的"环境污染责任"章修改为"污染环境、破坏生态责任"章，明确了追究生态环境损害赔偿责任的方式和内容。对于造成生态环境损害的，国家规定的机关或者法律规定的组织有权请求侵权人承担修复责任，并明确了赔偿损失和费用的内容。

限制民事行为能力人的年龄从十周岁下调至八周岁。《民法典》总则编延续了民法总则的规定，将限制民事行为能力人的起始时间由十周岁调整为八周岁。据此，八周岁以上的未成年人为限制民事行为能力人，实施民事法律行为由其法定代理人代理或者经其法定代理人同意、追认，但是可以独立实施纯获利益的民事法律行为或者与年龄、智力相适应的民事法律行为。而且，其实施的超出其年龄、智力范围的民事法律行为，并不必然导致无效，而是属于效力待定，如果事后得到法定代理人的同意或者追认，则是有效的民事法律行为，具有法律效力。需要注意的是，关于不满八周岁的未成年人为无民事行为能力人，总则中没有再规定可以独立实施纯获利益的民事法律行为，这也就意味着，对于完全无民事行为能力人，即使是纯获利益的民事法律行为，也需要由其法定代理人代理实施，这相较此前传统还是有细微变化的。

《民法典》总则编完善了监护制度，构建了以家庭监护为基础、社会监护为补充、国家监护为兜底的制度。总则编强化了民政部门的职责，由民政部门担任兜底性的监护人，并且规定具备履行监护职责条件的村委会、居委会也可以担任监护人。为了更好地保护被监护人，总则编进一步完善规范了监护撤销制度。

《民法典》总则编规定对胎儿利益特别保护，涉及遗产继承、接受赠与等情况时，胎儿视为具有民事权利能力，但胎儿出生时为死体的，其民事权利则自始不存在。

在"民事权利"一章，增加了隐私权。隐私权在《民法通则》中并未明确规定，对其救济往往通过司法解释，准用名

《民法典》第一百一十条规定："自然人享有生命权、身体权、健康权、姓名权、肖像权、名誉权、荣誉权、隐私权、婚姻自主权等权利。"

誉权的规定，而《民法典》总则编通过明确自然人享有隐私权，表明立法对个体权利进一步尊重与保护。

《民法典》总则编强调对自然人个人信息的保护。自然人的个人信息不得被非法收集、使用、加工、传输，否则行为人要承担法律责任。同时为了适应互联网和大数据时代发展的需要，总则编对数据和网络虚拟财产的保护作了规定，即准用其他法律法规的规定，体现了《民法典》对该类财产保护的灵活性。

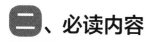

二、必读内容

（一）自然人的民事行为能力

民事权利能力和民事行为能力是自然人参与民事法律关系，取得民事权利和履行民事义务的前提条件。根据《民法典》规定，自然人从出生时起到死亡时止，具有民事权利能力，依法享有民事权利，承担民事义务。需要注意的是，这里所说的民事权利能力，是民事主体享有民事权利、承担民事义务的资格，而并非限于权利。同时总则编规定自然人的民事权利能力一律平等，指的是在法律地位上的平等。

自然人的民事行为能力是指，自然人能够以自己的意思表示，使其行为发生法律上的效果的资格，也就是自然人能够以自己的行为取得民事权利、设定民事义务的能力。

1. 民事行为能力的分类

一是完全民事行为能力，即自然人能够以自己的名义遵循自己的

《民法典》第十八条第一款规定："成年人为完全民事行为能力人，可以独立实施民事法律行为。"

意思，独立地设定民事权利和负担民事义务的资格。在我国完全民事行为能力人包括两类：一是十八周岁以上的自然人，二是十六周岁以上的未成年人，以自己的劳动收入为主要生活来源的，视为完全民事行为能力人。二是限制民事行为能力，是指自然人以自己的行为在一定范围内设定民事权利和承担民事义务的资格。和完全民事行为能力人不同，限制民事行为能力人仅可以在与其年龄、智识相适应的范围内，独立实施民事法律行为，如果超过这个范围，则效力待定，需要其法定代理人的同意或者追认方可有效。《民法典》总则编规定，限制民事行为能力人有两类，一类是八周岁以上的人，另一类是不能完全辨认自己行为的成年人。三是无民事行为能力，是指自然人没有以自己的行为取得民事权利和负担民事义务的资格。故无民事行为能力人无资格按照自己的意思参与民事活动，只能依靠其法定代理人代理实施民事法律行为。总则编规定的无民事行为能力人包括两类：一是不满八周岁的未成年人，二是不能辨认自己行为的成年人和已满八周岁但未满十八周岁不能辨认自己行为的人。**例如，在 2020 年新冠肺**

炎疫情期间，全国各地发生多起未成年人使用父母手机巨额打赏网络主播的事件，为此最高人民法院发布《关于依法妥善审理涉新冠肺炎疫情民事案件若干问题的指导意见（二）》特别指出："限制民事行为能力人未经其监护人同意，参与网络付费游戏或者网络直播平台'打赏'等方式支出与其年龄、智力不相适应的款项，监护人请求网络服务提供者返还该款项的，人民法院应予支持。"所以无民事行为能力人的打赏和限制民事行为能力人超出自身辨识能力的打赏，网络平台应予以返还。

（二）宣告失踪和宣告死亡制度

如果在生活中，某一自然人长期失联、下落不明，就会导致与其有关的利害关系人的人身关系和财产关系处于不确定的状态。为了维护正常的社会秩序，消除因长期失联造成的不稳定状态，《民法典》总则编规定了宣告失踪和宣告死亡制度。

1. 宣告失踪

（1）宣告失踪的条件

宣告失踪是指经利害关系人申请，由人民法院对下落不明满一定期间的人宣告为

《民法典》第四十条规定："自然人下落不明满二年的，利害关系人可以向人民法院申请宣告该自然人为失踪人。"

失踪人的制度。宣告失踪应当具备：①自然人必须下落不明满两年；②须由利害关系人向法院提出申请；③须由法院根据法定程序宣告，即发出寻找下落不明人的公告，公告期满仍无音讯的，宣告失踪。

（2）宣告失踪的目的

宣告失踪的目的是通过法院确认自然人失踪的事实，解决失踪人财产无人管理及其应履行的义务不能得到及时履行的非正常状态，以保护失踪人和利害关系人的利益，维护社会经济秩序的稳定（如主张债权债务等）。一般是人民法院经利害关系人申请，之后发出公告寻找失踪人，公告期满，该自然人仍无音讯的，则宣告为失踪人，并为该失踪人指定财产代管人。

（3）被宣告失踪的人重新出现

失踪人重新出现（包括返回或者确知其生存下落），失踪人有权要求财产代管人及时移交有关财产并报告财产代管情况。

2. 宣告死亡
（1）宣告死亡的条件

宣告死亡应当具备：①自然人下落

《民法典》第四十二条规定："失踪人的财产由其配偶、成年子女、父母或者其他愿意担任财产代管人的人代管。"

《民法典》第四十五条规定："失踪人重新出现，经本人或者利害关系人申请，人民法院应当撤销失踪宣告"，并要求财产代管人及时移交有关财产并报告财产代管情况。

不明达法定期限,一般情况为四年,意外事件为两年;②必须由利害关系人申请;③必须由人民法院依法定程序作出,即发出寻找下落不明人的公告(意外事件有充分证据证明不能生存的除外),公告期满仍无音讯的,法院作出宣告死亡的判决。

> 《民法典》第四十六条规定:"自然人下落不明满四年;因意外事件,下落不明二年的,利害关系人可以向法院申请宣告该自然人死亡。"

(2)宣告死亡的目的

宣告死亡的目的是保护利害关系人的利益,消除、了结自然人下落不明造成的人身、财产关系的不稳定状态。

(3)死亡宣告撤销的后果

《民法典》第四十九、五十条明确了宣告死亡人死亡期间从事民事活动的效力,并且重新出现后,经申请,人民法院应当撤销死亡宣告。

> 《民法典》第四十九条规定:"自然人被宣告死亡但是并未死亡的,不影响该自然人在被宣告死亡期间实施的民事法律行为的效力。"第五十条规定:"被宣告死亡的人重新出现,经本人或者利害关系人申请,人民法院应当撤销死亡宣告。"

被宣告死亡人的配偶未再婚的,夫妻关系从撤销死亡宣告之日起自行恢复。但是,如果配偶已再婚的,应保护后一个婚姻关系;如果配偶再婚后又离婚或再婚后配偶又死亡的,不能自行恢复婚姻关系。**例如,在"文化大革命"期间,柴某离开家乡下落不明,长期未归。其妻在《民法通则》颁布之后,向人民法院申请宣告柴**

某死亡，法院经审查后予以宣告。其妻继承了柴某的遗产，并与宋某结婚。而2000年柴某重新回到家乡，要求前妻与宋某离婚，前妻不同意，柴某遂诉至法院。最终法院认定对柴某的宣告死亡程序符合法律规定，其仅享有要求返还属于其财产的权利，而婚姻关系不可以自行恢复，其要求前妻离婚的主张没有法律依据。

被宣告死亡人在被宣告死亡期间，其子女被他人依法收养的，撤销死亡宣告后，仅以未经本人同意而主张收养关系无效的，一般不应准许，但收养人和被收养人同意的除外。

撤销死亡宣告后，本人可请求返还财产，但原物已经由第三人合法取得的，第三人可不予退还。因继承法而取得财产的自然人或组织，应当返还原物；原物不存在的，给予相应补偿。利害关系人隐瞒真实情况致使他人被宣告死亡而取得财产的，除应返还原物和孳息以外，还应对给他人造成的损失予以赔偿。

（三）法人的成立、变更、终止

法人是依法成立具有民事权利能力和民事行为能力，独立享有民事权利和承担民事义务的社会组织。

1. 法人的成立

法人成立应具备以下三个条件：

一是法人应当依法成立。法人组织的设立必须符合法律规定，包括它的组织机构、经营范围、设立方式等必须合法，如果法律规定其设立需经批准的，必须经有关机关审核批准后，才可成立。如《保险法》规定了设立保险公司应当经国务院监督管理机构批准。

二是法人应当有自己的财产或者经费。财产或者经费是法人从事民事活动的物质基础，也是其承担民事责任的保障。

三是法人应当有自己的名称、组织机构、住所。法人的组织机构通常包括意思机构、执行机构和监督机构。而法人的住所为其主要办事机构所在地。

2. 法人的变更

法人的变更是指在法人存续期间内，法人的组织形式和其他重大事项的改变，分为法人的合并、分立、责任形式的变化以及其他重要事项的变化。

法人的合并，是指由两个或者两个以上的法人合并为一个法人。法人合并的情形包括两种：吸收合并和创设合并。所谓吸收合并就是其中一个法人吸收其他法人，一经合并，其他被吸收的法人不复存在，被吸收的原法人的权利义务由继续存在的法人承担。创设合并是指数个法人合并成立为一个新法人，一经合并原合并前法人不再存在，原合并前法人的权利义务由新创设的法人承担。

法人的分立，是指由一个法人分为两个或者两个以上的法人。分为新设分立和派生分立两种。新设分立是指原来的法人

《民法典》第五十八条规定："法人应当依法成立。法人应当有自己的名称、组织机构、住所、财产或者经费。法人成立的具体条件和程序，依照法律、行政法规的规定。设立法人，法律、行政法规规定须经有关机关批准的，依照其规定。"

《民法典》第六十七条规定："法人合并的，其权利和义务由合并后的法人享有和承担。法人分立的，其权利和义务由分立后的法人享有连带债权，承担连带债务，但是债权人和债务人另有约定的除外。"

《民法典》第六十四条规定："法人存续期间登记事项发生变化的，应当依法向登记机关申请变更登记。"

《民法典》第六十八条规定："有下列原因之一并依法完成清算、注销登记的，法人终止：（一）法人解散；（二）法人被宣告破产；（三）法律规定的其他原因。法人终止，法律、行政法规规定须经有关机关批准的，依照其规定。"

被分解成几个新法人，原来的法人不复存在，而原法人的权利义务由新设立的法人承担；派生分立是指原法人继续存在，而由原法人分出的部分，成立一个或者几个新的法人。

法人责任形式的变更，是指在法人成立后组织类型发生变化，如从有限责任公司变更为股份有限公司，由于法人责任组织形式是必须明确公示的事项，因此，须依照法律规定进行。

法人其他重要事项的变更，是指法人的活动宗旨或者经营范围等的变化。

3. 法人的终止

法人的终止是指法人丧失作为民事主体的资格，即终止民事权利能力，又称法人的消灭。

可见法人的终止包括以下几种方式：一是当法人的目的和行为违反法律、公共秩序和善良风俗时，可由法院依法宣告解散，或由主管机关撤销许可。二是法人自行解散。三是依法被宣告破产，即当法人不能清偿到期债务且资不抵债时，人民法院可以根据债权人或债务人的申请，依法宣告其破产。四是法律规定的其他原因。

　　法人终止后，应进行清算。根据总则编规定，清算期间，法人人格仍然存续，但是其从事民事活动的范围受到限制，不可以从事与清算无关的活动。

　　总则编第七十条第一次对清算义务人加以规定。所谓清算义务人，是指法人组织中依法负有启动清算程序的主体，其义务在于依据法律规定及时启动清算程序终止法人。由于法人的董事、理事等执行机构或者决策机构的成员参与日常的经营管理，了解法人的经营状态和财产情况，并且对法人负有勤勉义务和忠实义务，故当清算的法定事由出现的时候，应及时启动清算程序，避免法人财产因无人管理而遭受损失。如果清算义务人不及时履行清算义务，若给债权人造成利益损害的，应承担相应的民事责任。

　　清算组织是法人在清算过程中的意思机关和执行机关。法人自行解散的，由法人自行成立清算组织；法人被撤销的、被宣告破产的，应当由主管机关或者人民法院组织有关机关或有关人员成立清算组织。清算组织首先应了结法人终止前未完成的事务；其次应清缴税款、收取债权、

《民法典》第七十条规定："法人解散的，除合并或者分立的情形外，清算义务人应当及时组成清算组进行清算。法人的董事、理事等执行机构或者决策机构的成员为清算义务人。法律、行政法规另有规定的，依照其规定。"

清偿债务；最后还应代表公司参与民事诉讼。清算终结之后，由清算人向登记机关办理注销登记并予以公告。

（四）法人的民事权利能力和行为能力

法人的民事权利能力是指法律赋予法人能够参加民事法律关系、取得权利和承担义务的资格。法人的民事权利能力与自然人的民事权利能力比较有三个特点：一是自然人的民事权利能力始于出生，终于死亡，而法人的民事权利能力始于成立，终于消灭；二是自然人的民事权利能力是完全相同的，法人的民事权利能力与法人的业务范围一致，因法人的业务活动不同而享有不同的权利能力；三是某些以自然人人身为前提的权利能力法人不能享有，比如享有生命权、健康权的能力，结婚的能力法人不能享有。反之，法人的某些权利能力自然人也不能享有，如享有法人名称权的能力。

法人的行为能力是法律赋予法人以自己的意思参加民事法律关系、取得民事权利和承担民事义务的资格。法人的民事行为能力与自然人的民事行为能力比较有三个特点：一是法人的民事行为能力与民事权利能力同时存在，即同时产生和同时消灭，而自然人虽从出生时即享有民事权利能力，但须达到一定年龄且智识发育正常方能取得相应的民事行为能力；二是法人的民事行为能力与民事权利能力范围完全一致，而自然人则不一定，仅成年人才有可能一致；三是法人的民事行为能力由法人的代表机关（法定代表人）行使，也可以由授权的职工、其他法人或者其他自然人代理行使，但自然人的民事行为能力一般由本人行使。

（五）法定代表人

法定代表人的经营行为就是法人的行为。故法定代表人对外执行法人事务，本质上即法人执行事务，其后果由法人承担，若造成他人损害的，由法人承担民事责任，在法人承担责任后，依照法律或者法人章程的规定，可以向有过错的法定代表人追偿。

另外，由于法人对法定代表人代表权限的限制，属于法人的内部事务，作为外部第三人很难得知，如果因此而限制与第三人民事行为的效力，将会使民商事活动处于极不确定的状态。故总则编规定，法人章程或者法人权力机构对代表人代表权的限制，不得对抗善意相对人。**比如，某公司章程规定其法定代表人只能代表公司直接签订金额为 20 万元以下的合同，若第三人在不知情的情况下，与法定代表人签订 50 万元的合同，该公司不得以法定代表人超越代表权限而主张该合同无效。**

> 《民法典》第六十一条规定："依照法律或者法人章程的规定，代表法人从事民事活动的负责人，为法人的法定代表人。"

> 我国法定代表人的资格是法定的，如《公司法》第十三条规定，董事长、执行董事或者经理可以担任公司的法定代表人。

（六）民事权利

《民法典》为了凸显对民事权利的尊重，加强对民事权利的保护，同时也为各分编和民商事特别法具体规定民事权利提供依据，承继了《民法通则》的规定，设专章规定了民事主体享有民事权利的类型、内容、权利的取得和行使等。

民事主体享有以下类型的民事权利：

一般人格权，即基于自然人人格自由、人格尊严而产生的一般性权利，是其他诸如名誉权、姓名权等具体人格权的价值基础，也可以弥补具体人格权所保护不到的空间。

具体人格权，自然人的人格权包括生命权、身体权、健康权、姓名权、肖像权、荣誉权、隐私权、婚姻自主权等；法人、非法人组织的人格权包括名称权、名誉权、荣誉权。《民法典》的一大特色就是人格权独立成编，体现对个体价值的进一步尊重，人格权相关内容在人格权编中有更为具体的规定。

个人信息受法律保护。民事主体在正常经营活动中不可避免地需要使用、收集用户信息，不仅须通过法定的手段获取，还应采取相应的保密措施；任何组织和个人不得非法收集、使用、传输他人个人信息，不得非法买卖、提供或者公开他人信息。违反信息保护义务的，应承担民事责任、行政责任，甚至刑事责任。

因婚姻家庭所产生的人身权利，比如夫妻之间的互相扶养的权利和义务，父母对子女的监护的权利以及子女对父母的赡养义务等。**例如轰动一时的"串子案"。**1981年吉林省通化市人民医院，两对夫妇的新生儿在同一婴儿室被看护，由于医院工作人员的疏忽，两对夫妇分别错抱了对方的婴儿。二十多年后，因为偶然事件双方最终发现了抱错孩子的真相，遂向通化市东昌区人民法院提起诉讼，最终法院认为医院侵害了原告的亲权，判令其赔偿损失以及精神抚慰金。上述案例中基于亲子关系产生的亲权，就是身份权的一种，受我国《民法典》的保护。

物权，即权利人在法律规定的范围内对特定物所享有的直接支配的排他性权利。包括所有权、用益物权和担保物权。

债权，即权利人得以请求特定义务人为一定行为或不为一定行为的权利。债权产生的原因有以下几种：合同、侵权行为、无因管理、不当得利以及法律的其他规定。

知识产权，指权利人依法对客体所享有的专有性权利；客体包括作品、发明、实用新型、外观设计、商标、地理标志、商业秘密、集成电路布图设计、植物新品种以及法律规定的其他客体。

继承权，即自然人死亡时生前个人所有的合法财产，依法转移给其继承人，继承人有继承该遗产的权利。

股权和其他投资性权利。股权是指民事主体因投资某公司成为该公司股东而享有的相应权利；其他投资性权利，包括民事主体购买基金、证券、保险等进行投资而享有的权利。

民事权利的取得分为原始取得和继受取得。原始取得是指不以他人既存权利为前提而独立地取得权利的情形，如建造房屋取得所有权、新发明取得专利权、写书取得著作权等；继受取得是指基于他人的既存权利而取得权利的情形，比如因继承而取得财产所有权、转让房屋由买家取得所有权等。

权利义务相一致原则。民事主体在享受权利的同时，必须履行义务，这是处理个体之间权利冲突的基本准则。在法律有

《民法典》第一百三十一条规定："民事主体行使权利时，应当履行法律规定的和当事人约定的义务。"

规定的前提下，可以对未履行义务的主体适用权利减损或者权利剥夺规则。比如在遗产分配时，对有能力和条件扶养而未尽扶养义务的继承人不分或者少分遗产。

权利禁止滥用原则，即享有权利的人不得在行使权利时，超出法律规定的范围和界限而损害他人合法利益或者社会公共利益。权利的边界包括两种：一是内在的限制，即权利的范围或目的。超出权利的范围或违反权利目的，致他人受到损害的，构成权利滥用。二是外在的限制，即行使权利的行为不得违反公序良俗和诚实信用。采用不当的方式行使权利，造成他人损害的，亦构成权利滥用。

（七）《民法典》中的"意思表示"

学理上认为，民事法律行为是以意思表示为要素并因意思表示而发生民事主体所预期的私法上效果的一种法律事实。

意思表示，即指行为人将蕴含有法律行为内容的效果意思通过一定方式表现出来，并为他人所感知，产生一定约束力的活动。意思表示是民事法律行为的核心要素，具有以下特征：一是意思表示的表意人具有使民事法律关系发生变动的意图；

《民法典》第一百三十三条规定："民事法律行为是民事主体通过意思表示设立、变更、终止民事法律关系的行为。"

二是意思表示是将一个意思由内而外表达出来的过程，必须以一定的方式将其表达，并为外人所感知，单纯存在于内心的意思不具有法律意义；三是意思表示的目的在于产生私法上的效果。

意思表示的形式，可以分为明示和默示两种。明示即通过行为人以口头或者书面的方式向相对人作出的意思表示。而默示又称为可推断的意思表示，是指行为人虽没有以口头或者书面等明示方式作出意思表示，但从其行为可推知其意思表示。无论明示还是默示，都是以作为的方式作出的意思表示，而沉默则是消极的不作为。

沉默可以作为意思表示的特定的情形：一是法律规定的情形。如总则编第一百四十五条规定，对于限制民事行为能力人实施的超过其能力的民事法律行为，相对人可以催告其法定代理人在三十日内予以追认，法定代理人未作表示的，视为拒绝追认，此处沉默表示否认。二是当事人约定的情形，例如买卖合同双方当事人事先约定，如果该合同到期后两个月内双方未提出解约的，视为自动续约。该处沉默因双方当事人的约定而有了认可的表示

《民法典》第一百四十条规定："行为人可以明示或者默示作出意思表示。沉默只有在有法律规定、当事人约定或者符合当事人之间的交易习惯时，才可以视为意思表示。"

效果。三是符合当事人之间的交易习惯，即双方当事人之间存在某种交易习惯，该习惯认可当事人以沉默作为某种意思表示并产生相应的法律效果。

一个民事法律行为生效需具备三个条件：一是有相应的民事行为能力，二是当事人的意思表示真实，三是法律规定的特别生效要件，**比如自然人之间的借款合同，作为实践性合同，自出借人实际提供借款这一行为成就时方才生效。**

意思表示真实是民事法律行为有效的重要一环，包括两个方面的含义：一是行为人的内心意思和外部的表示行为相一致。二是指当事人是在自由意思的前提下所为的意思表示，未受任何外来因素的干扰。

对于不真实的意思表示，我国采用的是折衷主义，认为应根据具体情况，以表示主义为原则，意思主义为例外，或者以意思主义为原则，表示主义为例外。行为人主张意思表示不真实的，应负举证责任，举证不能的，其主张不予支持，以防止随便以意思表示不真实为由推翻业已成立的民事法律行为，损害相对人的合法权益。

意思表示不真实的常见情况包括：一是虚伪表示，**最为常见的如阴阳合同，为了规避税收或者其他规定，阴合同为隐藏合同，而阳合同作为虚伪表示，这种情况下隐藏行为（阴合同）有效，虚伪表示无效。**二是戏谑行为，俗称开玩笑或者吹牛。三是相对人被欺诈、胁迫或者处于危困状态，缺乏判断能力时而为的显失公平的法律行为，都属于意思表示不真实。

（八）无效的民事法律行为和可撤销的民事法律行为

绝对无效的民事法律行为是指不具备民事法律行为的生效要

件，不能产生行为人预期的民事法律后果，从而依法不产生法律效力的民事行为。

无效的民事法律行为包括以下几种：一是无民事行为能力人实施的民事行为。根据总则编第二十条、二十一条规定，不满八周岁的未成年人，不能辨认自己行为的成年人和八周岁以上的未成年人为无民事行为能力人，需由其法定代理人实施民事法律行为。二是违反法律、行政法规强制性规定的民事法律行为。法律为民事主体设定了行为模式，其中一种包括"勿为模式"，即禁止当事人采用特定行为模式的强制性规定，如果民事主体违反了该强制性则其民事法律行为绝对无效，**比如毒品买卖合同，民间的枪支弹药买卖合同等，都属于无效的民事法律行为**。三是违背公序良俗的民事法律行为。**比如在我国当前立法例下，不承认代孕行为的法律效力。**

可撤销的民事法律行为，是指民事法律行为虽然业已成立并生效，但是由于意思表示不真实，享有撤销权的一方可以请求人民法院或者仲裁机构予以撤销，使该民事法律行为自始不发生效力。需要注意

《民法典》第一百五十三条第二款的规定，尽管民事法律行为未违反法律、行政法规的强制性规定，但是存在其他损害国家利益、社会公共利益的情形，民事法律行为也可能绝对无效。

的是，享有撤销权的一方为意思表示不真实的一方，如被胁迫、被欺诈的一方。

可撤销的民事法律行为包括以下几种：第一，基于重大误解而实施的民事法律行为。其指的是行为人对行为的性质、对方当事人、标的物的品种、质量、规格和数量等产生了错误认识，使行为的后果与自己的真实意思相悖。基于重大误解而为的民事法律行为，误解人可以请求人民法院和仲裁机构予以撤销。第二，因一方或者第三方以欺诈、胁迫的手段，使对方在违背真实意思的情况下所为的民事法律行为。欺诈行为是指一方当事人以欺诈手段，使对方在违背真实意思的情况下实施的民事法律行为；或者第三人实施欺诈行为，使一方在违背真实意思的情况下实施民事法律行为，对方知道或者应当知道该欺诈行为的，受欺诈方有权请求人民法院或者仲裁机构予以撤销。而所谓胁迫，是指一方或者第三人以对方及其亲友的生命、荣誉、名誉、财产等造成损害或者以造成损害为要挟，迫使对方作出违背真实意思的民事法律行为。在这种情况下，受胁迫的一方可以请求人民法院或者仲裁机构予以撤销民事法律行为。第三,一方利用对方处于危困状态、缺乏判断能力等情形，致使成立时显失公平的民事法律行为。具体包含以下几个特点：一是该行为的成立，是一方处于危困状态或者缺乏判断能力的情形下作出的，并非其真实的意思表示。二是对方因此而获得了巨大的利益，该利益已经远远超出正常情况下所应得的范围，为社会秩序所不允许。三是该行为使一方陷入明显不公平的处境。在这种情况下，受损害方有权请求人民法院或者仲裁机构予以撤销。

无效的法律行为的后果。其无效属于自始无效，绝对无效，不存在成为生效的民事法律行为的可能。但是民事法律行为中部分无效的，不影响其他部分的效力。例如《民法典》物权编规定禁止流质条款，流质条款无效，但不影响质押合同的效力。

可撤销的法律行为的后果。其属于相对无效。在撤销权人行使撤销权之前，该民事法律行为仍然有效，如果撤销权人一直不撤销，该行为一直有效，但一旦撤销权人行使撤销权，该民事法律行为之效力溯及到其成立之时消灭。

对可撤销民事行为的撤销权，属于形成权，只需要有撤销权的一方提出撤销申请，经人民法院或者仲裁机构认可之后，即丧失效力。故为了防止民事法律行为处于不特定的状态，法律对该撤销权进行了限制，设置了除斥期间，如果撤销权人在该期间内不行使撤销权的，撤销权消灭。

根据总则编规定，当事人自知道或者应当知道撤销事由之日起一年内，重大误解的当事人自知道或者应当知道撤销事由九十日内未行使撤销权；受胁迫的当事人自胁迫行为终止之日起一年内没有行使撤销权；当事人知道撤销事由后明确表示或者以自己的行为表明放弃撤销权；以及当事人自民事法律行为发生之日起五年内没有行使撤销权的，撤销权消灭。

《民法典》第一百五十七条规定："民事法律行为无效、被撤销或者确定不发生效力后，行为人因该行为取得的财产，应当予以返还；不能返还或者没有必要返还的，应当折价补偿。有过错的一方应当赔偿对方由此所受到的损失；各方都有过错的，应当各自承担相应的责任。法律另有规定的，依照其规定。"

（九）代理

《民法典》总则编规定了代理制度。所谓代理就是指代理人在代理权限内以被代理人（本人）的名义同第三人进行民事法律行为，由此产生的民事法律后果由被代理人（本人）承担的一种制度。但有些行为，根据总则编规定，是不得代理的，一类是依照法律规定必须由本人亲自实施的法律行为，比如结婚、离婚、设立遗嘱等具有人身性质的行为；一类是双方当事人约定须由本人亲自实施的行为，比如演出、讲课等。

代理的类型分为委托代理和法定代理。委托代理，是指代理人依据被代理人的委托，在授权范围内，以被代理人的名义与相对人实施民事法律行为，该法律行为的后果由被代理人承担的一种代理。代理权基于授权而产生。代理权的产生，不仅需要代理人与被代理人之间有委托合同关系、职务关系等基础的法律关系，还必须由被代理人作出授权。法定代理，指代理人依照法律的规定行使代理权的一种代理形式。法定代理的代理权产生不是基于授权，而是法律直接规定。其主体一般是无民事行为能力人或者限制行为能力人的监护人，以及对特定财产有管理资格的人，如总则编中关于失踪人财产代管人的规定、《破产法》中关于破产管理人的规定、《公司法》中关于清算人的规定等。

无权代理分为三种类型，一是没有代理权的无权代理，即代理人根本没有获得被代理人的授权，或者不具备法定代理人的身份，而以被代理人名义实施的代理行为。二是越权代理，即代理人超越了被代理人授予权限范围而以被代理人的名义实施代理行为。三是代理权终止后的无权代理，即被代理人的授权因代理事项已经完成、期限届满等原因已经终止，而代理人继续以被代理人的名义实施代理行为。

无权代理为效力待定的法律行为，如果被代理人追认的，对被代理人发生效力；被代理人不予追认的，法律行为的后果对被代理人没有约束力。无权代理行为未被追认的，善意相对人有权请求行为人履行债务或者赔偿损失，但是不能超过被代理人追认时所能获得的利益。

所谓表见代理，是指行为人虽无代理权，但因与本人有着特殊关系，具有被授予代理权的外观，致使相对人有理由相信其有代理权并与之为法律行为，相对人可向被代理人主张代理后果的制度。常见的情形有，公司授权代表已经离职，但公司未能向相对方及时发出通知，致使相对方与该前员工基于之前的交易习惯签订合同，由于相对方有理由相信该员工仍然有代理权，故该合同对该公司发生法律效力。相对人也可以代理人无代理权为由主张该代理行为无效。

（十）民事责任

民事责任是民事主体违反民事义务的法律后果。根据《民法典》总则编第一百七十九条规定，承担民事责任的方式主要有：

（1）停止侵害：是指权利人请求侵害人停止侵害行为。

（2）排除妨碍：是指权利人要求妨碍实施人以积极行动去除构成妨碍的物件或者其他事项，以确保权利人行使权利不受妨碍。

（3）消除危险：是指权利人的人身或者财产受到现实威胁的情况下，要求造成该危险者消除危险状态。

（4）返还财产：是指在侵占他人财产或者没有合法理由占有他人

财产的情况下，该财产权利人得请求不法占有者返还该财产。

（5）恢复原状：是指权利人要求使受毁损的财产等在物理性能或者价值等方面恢复到受损害前状态的一种民事责任方式。

（6）修理、重做、更换。修理是指对交付的标的物去除瑕疵，使其达到质量要求。重做是指在承揽合同中，承揽人重新制作标的物，以达到约定的要求。更换通常发生在买卖合同中，更换已经交付但是存在瑕疵的标的物，以达到约定的要求。

（7）继续履行：是指在合同关系中，一方当事人不履行或者不完全履行合同义务，权利人得请求违约方继续履行合同项下的义务。并且根据法律规定或者双方当事人约定，继续履行与赔偿损失、支付违约金等民事责任方式可以同时主张。

（8）赔偿损失：是指责任人支付一定数额的金钱以填补权利人的损失，对财产损失、人身损害和精神损害，都可以适用。

（9）支付违约金：合同双方可以在订立合同时就违约金的数额、计算方式以及支付方式做出约定。在任何一方出现违约情形之时，守约方可依据约定主张违约金。在违约金不足以弥补损失时，权利人还可以请求赔偿损失。

（10）消除影响、恢复名誉：是指权利人请求侵权人在一定范围内采取适当的方式消除对权利人名誉的不利影响，使其名誉特别是社会评价得以恢复的一种民事责任方式。

（11）赔礼道歉：是指权利人请求侵权人通过口头或者书面等方式向权利人道歉，以取得权利人谅解的一种民事责任方式。

以下几种情形不承担民事责任：

第一，不可抗力。所谓不可抗力是指不能预见、不能避免且不能克服的客观情况，这种客观情况可能包括自然现象，如台风、地震、洪水等；也可能是某些社会异常现象，如战争、罢工等；还可能是政府行为，如在合同订立后，政府当局颁布新政策、法律导致合同不能履行。

第二，正当防卫。所谓正当防卫即指为了保护自己、他人的人身、财产或者公共利益免遭正在进行的不法侵害，而采取的造成加害人人身或财产损失的行为。正当防卫成立必须具备以下几个要件：一是必须有不法侵害；二是不法侵害正在发生；三是防卫的目的具有正当性，是为了防止本人、他人的合法权益或者公共利益免遭侵害；四是防卫不能超过必要的限度，该限度为足以制止侵害行为；五是正当防卫的对象必须针对不法侵害人本身。

第三，紧急避险。所谓紧急避险是指为了本人、第三人的人身、财产或者公共利益免受正在发生的危险，不得已而采取损害他人较小利益的行为。

紧急避险需满足以下要件：一是有危险发生，这里的危险来源范围很广，可以是自然灾害，也可以是动物侵袭等；二是危险正在发生，具有紧迫性或者现实

《民法典》第一百八十条规定："因不可抗力不能履行民事义务的，不承担民事责任。法律另有规定的，依照其规定。"

《民法典》第一百八十一条规定："因正当防卫造成损害的，不承担民事责任。正当防卫超过必要的限度，造成不应有的损害的，正当防卫人应当承担适当的民事责任。"

《民法典》一百八十二条规定："因紧急避险造成损害的，由引起险情发生的人承担民事责任。危险由自然原因引起的，紧急避险人不承担民事责任，可以给予适当补偿。紧急避险采取措施不当或者超过必要的限度，造成不应有的损害的，紧急避险人应当承担适当的民事责任。"

性；三是主观目的具有正当性，为了保护合法利益免受危险；四是必须在迫不得已的情况下实施，即没有其他的选择；五是避险对象针对的是第三人的合法利益；六是所保护的利益必须大于牺牲的第三人的利益，不得超过必要限度造成不应有的损害；七是该抗辩事由不适用职务上或者业务上有特殊义务的人，比如消防员有灭火的义务。

《民法典》为了对见义勇为行为予以坚决的支持，引导民众敢于见义勇为，在总则编第一百八十四条规定："因自愿实施紧急救助行为造成受助人损害的，救助人不承担民事责任。"

第四，自愿救助行为。其基本含义是：一个行为人出于高尚的目的对处于危难中的他人实施紧急救助的行为，即使给被救助者造成了一定损害也要豁免其责任。另外为了使见义勇为者无后顾之忧，总则编一百八十三条规定，如果见义勇为者受到损害，应由侵权人承担责任，但如果没有侵权人、侵权人逃逸或者无力承担民事责任的，受害人请求补偿的，受益人应当给予相应补偿。**例如，2017 年，沈阳康平县一老人在药店买药时突然休克，药店经营者孙先生及时对老人进行心肺复苏按压，老人恢复意识后被送往医院最终获救，但是因心肺复苏被压断 12 根肋骨，老人遂将孙先生诉至法院要求赔偿。法院认为孙先生自愿救助行为符合诊疗规**

范，没有过错，造成损害系救助行为不可避免的结果，故孙先生不承担民事责任。

（十一）权利不及时行使的法律后果

正如一句古老的法谚所言："法律不保护躺在权利上睡觉的人。"为了稳定财产秩序和法律秩序，当权利人的权利受到侵害时，法律对权利人以诉讼方式请求保护其权利的期间做了限制，如果权利人在一定期间内不行使权利，其权利便不再受诉讼保护，这便是诉讼时效制度。

1. 适用诉讼时效的范围

各类债权请求权原则上均适用诉讼时效的规定，包括因合同而发生的履行请求权、损害赔偿请求权、违约金请求权等，以及因侵权行为发生的损害赔偿请求权等。

不适用诉讼时效的请求权类别，包括以下几种：一是请求停止侵害、排除妨碍、消除危险。因侵害、妨碍、危险的事实具有持续性，故不适用诉讼时效，权利人可基于其物权请求行为人恢复其权利圆满之状态。二是不动产物权和登记的动产物权的权利人请求返还财产。三是请求支付抚养费、赡养费或者扶养费。该请求权基于身份关系而产生，具有伦理属性，关涉家庭成员的基本生活保障，与公序良俗密不可分，因此规定请求支付这三种费用不适用诉讼时效。**例如，父母向成年子女请求支付赡养费，不会因为超过诉讼时效而难以受到诉讼的保护。**

2. 诉讼时效的三种类型

一种是一般诉讼时效期间，为三年；一种是最长诉讼时效期间，为自权利受到侵害之日起二十年；还有一种是特别诉讼时效期间，为法律所特别规定，如《民法典》合同编规定，国际货物买卖合同和技术进出口合同争议的诉讼时效期间为四年。

3. 诉讼时效期间的起算点

一般诉讼时效期间，自权利人知道或者应当知道其权利受到侵害之日起计算；最长诉讼时效期间，自侵权行为发生之日起计算；对于分期履行的债务，诉讼时效期间自最后一期履行期限届满之日起计算；无民事行为能力人或者限制民事行为能力人对其法定代理人的请求权的诉讼时效期间，自该法定代理终止之日起计算；未成年人遭受性侵害的损害赔偿请求权的诉讼时效期间，自受害人年满十八周岁之日起计算。

4. 诉讼时效的中止、中断、延长

所谓诉讼时效的中止，是指在诉讼时效进行中，由于某种法定事由的发生（多为不可抗力），出现客观障碍导致权利人无法行使权利，因而暂时停止时效期间的计算，待阻碍事由消失之后，时效期间继续计算。

诉讼时效的中断是指在诉讼时效进行中，因法定事由的发生（即权利人积极主张权利），致使已经经过的诉讼时效期间统归无效，诉讼时效期间重新计算。

《民法典》第一百九十四条规定："在诉讼时效期间的最后六个月内，因下列障碍，不能行使请求权的，诉讼时效中止：（一）不可抗力；（二）无民事行为能力人或者限制民事行为能力人没有法定代理人，或者法定代理人死亡、丧失民事行为能力、丧失代理权；（三）继承开始后未确定继承人或者遗产管理人；（四）权利人被义务人或者其他人控制；（五）其他导致权利人不能行使请求权的障碍。自中止时效的原因消除之日起满六个月，诉讼时效期间届满。"

第一百九十五条规定："有下列情形之一的，诉讼时效中断，从中断、有关程序终结时起，诉讼时效期间重新计算：（一）权利人向义务人提出履行请求；（二）义务人同意履行义务；（三）权利人提起诉讼或者申请仲裁；（四）与提起诉讼或者申请仲裁具有同等效力的其他情形。"

诉讼时效的延长是指尽管诉讼时效期间已经届满，但有特殊情况或者正当理由的，可以申请人民法院予以延长诉讼时效期间。

（十二）超过诉讼时效的法律后果

一是诉讼时效期间届满之后，义务人便产生了不履行其义务的抗辩权，如果义务人向法院主张其时效抗辩，则权利人的胜诉权因此而消灭，即权利人难以通过法院诉请义务人强制履行相应义务。但需注意的是，根据总则编规定，抗辩权的行使属于意思自治的范畴，人民法院在审理中不得主动阐明并适用。二是诉讼时效期间届满，仅仅意味着胜诉权的消失，并不意味着实体权利的消灭，只是因债务人的时效抗辩而丧失强制力从而成为了自然债权。如果诉讼时效期间届满，义务人同意履行其义务，属于其放弃时效利益的意思表示，故仍然具有强制力。

此外，由于诉讼时效利益属于法律规定的利益，如果允许义务人预先放弃此利益，将导致诉讼时效制度形同虚设，也会在民事活动中使本就处于弱势地位的债务人处于明显不利地位。

《民法典》第一百九十二条第二款规定："诉讼时效期间届满后，义务人同意履行的，不得以诉讼时效期间届满为由抗辩；义务人已经自愿履行的，不得请求返还。"

《民法典》第一百九十七条规定："当事人对诉讼时效利益的预先放弃无效。"

物权编

一、本编要义

（一）物权的意义

物权是民事主体的一项重要的民事权利，物权制度是产权保护、市场经济的基石。《中共中央关于完善社会主义市场经济体制若干问题的决定》提出，要建立归属清晰、权责明确、保护严格、流转顺畅的现代产权制度。本编是在继受《物权法》基础上的物权保护规则的升级版，进一步完善了具有中国特色的物权制度。本编维护国家基本经济制度和社会主义市场经济秩序，奠定了现代产权保护制度的坚实基础，在国家治理体系中具有的重要作用。

完善的物权制度，正是民商事活动

"民之为道也，有恒产者有恒心，无恒产者无恒心。"（《孟子·滕文公上》）

（尤其是市场经济活动）的基本遵循。本编确认了民事主体的物权体系，明确了各类物权的具体内容及其边界，完善了我国物权领域的基本制度和行为规则。一方面，通过明晰物权归属和流转规则，有利于定分止争，稳定经济秩序，保障权利人能够充分地实现物权，提升物的流转、利用效益；另一方面，通过规定物权平等保护原则、公示公信原则、善意取得制度等内容，有利于保障交易安全、市场秩序和良好营商环境，促进市场经济的健康发展，构建安居乐业、人人有尊严生活的和谐社会。

（二）物权编的调整对象和基本原则

1. 调整对象

本编调整因物的归属和利用产生的民事关系。这一民事关系的核心内容就是物权。物权是权利人依法对特定的物（不动产、动产及特定权利）享有直接支配和排他的权利，包括自物权和他物权两大类型。

自物权是对自己的物享有的权利，即所有权。

他物权是对他人所有之物享有的权利，具体包括用益物权、担保物权。用益物权是指权利人对他人所有的不动产或者动产依法享有的占有、使用和收益的权利，主要包括土地承包经营权或分离后的承包权和经营权、建设用地使用权、宅基地使用权、地役权、居住权、自然资源使用权等。担保物权是指权利人在债务人不履行到期债务或者发生当事人约定的情形下，就担保财产所依法享有的优先受偿的权利。担保物权主要包括抵押权、质权和留置权等。

物的归属关系，表现为特定财产归特定民事主体所有的财产关系。这一财产关系的核心是所有权，所有权人可以依法支配特定的物并享受其利益，有权排除他人的非法干涉，但也负有不得滥用所有权等法律义务。对物的归属关系进行调整，是《民法典》物权编的重要任务。物的归属关系是物的利用关系、占有关系的前提，也是充分发挥物的效用、保障交易安全的重要保障。

物的利用关系，表现为特定民事主体在对他人之物的利用中形成的财产关系。这一财产关系以用益物权、担保物权为主要内容。用益物权着重于发挥物的使用价值，担保物权则立足于物的交换价值以实现其担保功能。在现代社会，对物的有效利用比单纯对物的所有更具意义。

本编还调整物的占有关系。占有是一种对他人之物加以管领和控制的事实状态，占有关系就是基于对他人之物的实际控制所产生的财产关系。占有具有多种复杂的样态，需要法律特别调整，因此本编特别加以规定。

2. 基本原则

物权编确立了平等保护、公示公信基本原则。

平等保护原则是指"国家、集体、私人的物权和其他权利人的物权受法律平等保护，任何组织或者个人不得侵犯"。党的十六届三中全会明确提出，要"保障所有市场主体的平等法律地位和发展权利"。这是因为公平竞争是市场经济的基本法则之一。民事主体的法律地位是平等的，各种类型的市场主体也都处于平等地位，其权利保护也应当平等。平等保护原则有利于激活市场活力，维护良好的营商环境。

公示公信原则在内容上包括公示和公信两个方面。一方面，物权的变动必须以特定的方式公开。一般来说，不动产物权的变动应当依照法律规定登记，动产物权的设立和转让应当依照法律规定交付。另一方面，物权变动在依法公示后就产生了可以信赖的公信力。公示公信原则的确立，有利于节约交易成本、保障交易安全和财产秩序。

（三）物权编的亮点与创新

本编进一步完善了所有权的有关规定。一是强化业主大会、业主委员会的功能，强化业主的共同管理的权利。例如，"改变共有部分的用途或者利用共有部分从事经营活动"应当由业主共同决定，利用共有部分产生的收入在扣除合理成本之后属于业主共有，明确"住改商"须经有利害关系的业主一致同意，在"使用建筑物及其附属设施的维修资金"等方面适当降低了业主共同决定事项的表决门槛。二是体现了疫情防控对物权制度的影响。**例如，因抢险救灾、疫情防控等紧急需要可以征用组织、个人的不动产或者动产，物业服务企业和业主对政府依法实施的疫情防控应急措施应予执行和积极配合。**三是将遗失物的所有权灭失期限延长至一年。四是新增添附制度。

本编在他物权部分也有一些重要变化。一是落实"坚持农村土地集体所有，实现所有权、承包权、经营权'三权分置'，引导土地经营权有序流转"的国家政策，将"三权分置"纳入《民法典》，允许土地经营权流转，允许海域使用权、耕地使用权抵押。二是明确了住宅建设用地使用权期限届满后续期的基本政策，新增"续期费用的缴纳或者减免，依照法律、行政法规的规定办理"。三是规定了一个新的用益物权——居住权。居住权是指对他人的住宅占有、使用以满足生活需要的物权。合同和遗嘱是设立居住权的主要方式。四是规定担保合同包括"其他具有担保功能的合同"，对非典型担保合同予以明确认可。五是完善抵押、质押规则，重构流押、流质合同效力，明确实现担保物权时的统一受偿顺位以及混合担保的清偿规则，并新增有关购买价款抵押权的规定。

二、必读内容

（一）物权的登记

1. 物权登记的一般要求

物权登记是我国物权制度的重要组成部分。我国已经实行不动产统一登记制度，并正在推动建立统一的动产和权利担保登记制度。

登记，原则上是不动产物权的设立、变更、转让和消灭（统称为"物权变动"）的生效要件。由此可见，除法律另有规定外，不动产物权的变动必须依法登记，否则不发生物权变动的法律效果。本条中的"法律另有规定的除外"，主要是指以下几方面情形：

一是依法属于国家所有的自然资源，所有权可以不登记，但用益物权、担保物权则需要登记。**例如，国家所有的建设用地，房地产开发企业获得了建设用地使用权（属于用益物权），之后将该建设用地使用权抵押给银行以获取贷款，银行获得建设用地上的抵押权（属于担保物权），**

> 《民法典》第二百零九条第一款规定："不动产物权的设立、变更、转让和消灭，经依法登记，发生效力；未经登记，不发生效力，但是法律另有规定的除外。"

在此情形下，建设用地使用权及其抵押权均需要登记。

二是非基于民事法律行为而发生的物权变动，不需要登记。非因民事法律行为而发生的物权变动，不以登记为生效要件。本编规定的例外情形，具体包括：（1）因人民法院、仲裁机构的法律文书或者人民政府的征收决定等，导致物权设立、变更、转让或者消灭的，自法律文书或者征收决定等生效时发生效力。（2）因继承取得物权的，自继承开始时（被继承人死亡时）发生效力。（3）因合法建造、拆除房屋等事实行为设立或者消灭物权的，自事实行为成就时发生效力。**例如，农民依法自建房屋，在建成后即产生房屋所有权，不以登记为所有权产生的依据。**当然，在以上三种特殊情形下，对依照这些规定享有的不动产物权进行处分时，依照法律规定需要办理登记的，依然要进行登记，否则不发生物权效力。**例如，在房屋继承的情形下，继承人对所继承房屋的所有权在被继承人死亡时即发生效力，并不需要登记；但是，在出售该房屋（即对房屋所有权的处分）之前则必须先登记在自己名下，然后才能过户交易。**

三是土地承包经营权设立和转让、土地经营权转让、地役权设立，可以不登记。虽然登记不是此类物权变动的生效要件，但登记也有重要意义，可以赋予权利人更强的物权保护。因为在此情形下如果"未经登记"，则并非不发生物权变动效力，而仅仅是"不得对抗"不知情并无过失的第三人（善意第三人）。之所以这样特别规定，主要是因为在目前我国农村地区全部实现普遍登记仍有一定难度，不以登记为生效要件的规则有利于促进土地经营权流转。

还要注意，除法律另有规定或者当事人另有约定外，有关不动产物权变动的合同的效力不受不动产物权是否登记的影响。**例如，当事**

人在房屋买卖合同签订后，房屋价款和房屋均已交付，但并没有办理房屋过户登记。此时，购房人在法律上并不享有房屋所有权，但买卖合同仍然是有效的。

2. 不动产登记

在不动产登记的程序和形式要求方面，应把握以下几个要点：

第一，不动产登记由不动产所在地的登记机构办理。当事人申请登记，应当根据不同登记事项提供权属证明和不动产界址、面积等必要材料。有关情况需要进一步证明的，登记机构可以要求申请人补充材料或在必要时进行实地查看。当事人提供虚假材料申请登记，造成他人损害的，应当承担赔偿责任。

第二，登记机构应当查验申请人提供的权属证明和其他必要材料，就有关登记事项询问申请人，如实、及时登记有关事项，并履行法律、行政法规规定的其他职责。登记机构不得要求对不动产进行评估，不得以年检等名义进行重复登记，不得有超出登记职责范围的其他行为。不动产登记费按件收取，不得按照不动产的面积、体积或者价款的比例收取。在实践中，出现过不动产登记机构未尽职责而登记错误的事件。因登记错误，造成他人损害的，登记机构应当承担赔偿责任。登记机构赔偿后，可以向造成登记错误的人追偿。

第三，本编明确了不动产登记簿的法律效力。依照法律规定应当登记的不动产物权变动，自记载于不动产登记簿时（而非发放权属证书时）发生效力。认定不动产物权归属和内容的根据，只能是不动产登记簿，而非不动产权属证书。后者只是权利人享有该不动产物权的证明，其记载的事项应当与不动产登记簿一致。权利人、利害关系人可以申请查询、复制不动产登记资料，登记机构有义务及时提供。由此可见，不动产登记簿是物权公示公信原则的体现，对保障不动产交易秩序尤为重要。

第四，本编确立了更正登记、异议登记制度。权利人、利害关系人认为不动产登记簿记载的事项错误的，可以申请更正登记。如果不动产登记簿记载的权利人书面同意更正或者有证据证明登记确有错误的，则登记机构应当予以更正。不动产登记簿记载的权利人不同意更正的，利害关系人可以申请异议登记。登记机构予以异议登记，申请人自异议登记之日起十五日内不提起诉讼的，异议登记失效。异议登记不当，造成权利人损害的，权利人可以向申请人请求损害赔偿。

第五，本编还确立了预告登记制度。**例如，当事人在签订房屋买卖合同的情形下，为保障将来能够获得房屋所有权，可以约定办理预告登记。**预告登记的法律效力在于，卖房人如果未经预告登记的权利人（购房人）同意，另行处分该房屋，则不发生物权变动的效力。当然，在预告登记后出现债权消灭或者自能够进行不动产登记之日起九十日内未申请登记的情形，则预告登记失效。购房人采取预告登记措施，可以有效避免"一房多卖"情况的发生。

3. 动产和权利担保登记

在动产和权利担保登记方面，《民法典》提供了构建统一登记制度的法律空间。目前，我国已基本实现了不动产物权统一登记，但动产以及权利担保的登记仍相对分散，增加了交易风险及成本。《物权法》曾对动产抵押权和权利质权的不同的登记机构进行了规定。《民法典》对《物权法》的前述规定予以删除，为今后形成统一的动产和权利担保登记制度创造了法律条件。

（二）动产物权的变动

1. 动产物权变动的方式——交付

动产物权变动原则上以交付为公示手段，不以登记作为生效要件。

2. 动产交付的形式

动产交付分为现实交付、简易交付、占有改定、指示交付几种形式。所谓现实交付，是指当事人之间对动产的直接交付，即指一方将动产的占有或直接管领移转给另一方的行为。当然，现实交付也可通过他人的行为来进行。例如，出卖人甲委托乙将货物交付给订货人丙，同样属于现实交付。

所谓简易交付，根据《民法典》第二百二十六条的规定，是指动产物权设立和转让前，权利人已经占有该动产的，物权自民事法律行为生效时发生效力，无须再为现实交付的交付方式。本条在关于简易交付成立要件的规定中，将《物权法》第二十五条中的"权利人已经依法占有该动产"改为"权利人已经占有该动产"，删除了"依法"一词，意味着扩大了简易

2020年1月1日开始实施的《优化营商环境条例》第四十七条第二款规定："国家推动建立统一的动产和权利担保登记公示系统，逐步实现市场主体在一个平台上办理动产和权利担保登记。纳入统一登记公示系统的动产和权利范围另行规定。"

《民法典》第二百二十四条规定："动产物权的设立和转让，自交付时发生效力，但是法律另有规定的除外。"第二百二十五条规定："船舶、航空器和机动车等的物权的设立、变更、转让和消灭，未经登记，不得对抗善意第三人。"

交付的适用范围。哪怕在动产物权设立和转让前，权利人对动产属于无权占有，也依然可以进行简易交付，提高交易的便捷性。**例如，甲将电动自行车出租给乙，在租赁期间，甲乙达成该电动自行车的买卖协议，则自该协议生效时，该电动自行车无须事实上的交付，即可发生所有权变动的效力。**

所谓指示交付，根据《民法典》第二百二十七条的规定，是指动产物权设立和转让前，第三人占有该动产的，负有交付义务的人可以通过转让请求第三人返还原物的权利代替交付，即由第三人向受让人进行交付。本条将其前身——《物权法》第二十六条中的"第三人依法占有该动产"改为"当事人占有该动产"，删除了"依法"一词，同样意味着扩大了指示交付的适用范围（既适用于第三人的有权占有，也适用于第三人的无权占有）。**例如，甲将电动自行车出租给乙，乙在租赁期届满后拒不返还电动自行车，此时乙的占有为无权占有，后甲与丙达成该电动自行车的买卖协议，同时约定甲将请求乙返还电动自行车的权利转让给丙，丙可以请求乙交付该电动自行车。**

所谓占有改定，根据《民法典》第二百二十八条的规定，是指动产物权转让时，当事人又约定由出让人继续占有该动产的，物权自该约定生效时发生效力，以代替该动产的现实交付。对于原所有人而言，此时由"所有"转变成了"占有"，而受让人取得了间接占有。设立占有改定的原因，往往是因出卖人在将其动产转移所有权后仍需在一段时间内使用该动产，或者受让人暂时不存在保管该动产的条件而由出让人继续占有。**例如，甲将电动自行车出卖给乙，但需要继续使用半个月，乙表示同意。此时，甲对该电动自行车的权利就由"所有"转变成了"占有"，乙则通过占有改定的特殊方式获得了间接占有。**

（三）所有权的取得和保护

1. 所有权的概念和分类

根据《民法典》第二百四十条规定，所有权是指所有人依法对自己的财产享有占有、使用、收益和处分的权利。在物权体系中，所有权是最典型、最基本的物权类型，具备物权的支配性、对世性、排他性、法定性等一般特性，与他物权相比还具有权能完全性等独有特征。

按照所有权人的不同，所有权分为国家所有权、集体所有权、私人所有权。国家所有即全民所有，除法律另有规定外，国有财产由国务院代表国家行使所有权。例如，城市的土地，以及矿藏、水流、海域、无居民海岛、国防资产、无线电频谱资源，属于国家所有。法律规定属于国家所有的农村和城市郊区的土地、野生动植物资源、文物，以及铁路、公路、电力设施、电信设施和油气管道等基础设施，属于国家所有。除法律规定属于集体所有之外，森林、山岭、草原、荒地、滩涂等自然资源属于国家所有。

集体所有权是指集体组织依法对其所有财产享有占有、使用、收益和处分的权

《民法典》第二百四十二条规定："法律规定专属于国家所有的不动产和动产，任何组织或者个人不能取得所有权。"

《民法典》第二百六十一条第一款规定："农民集体所有的不动产和动产，属于本集体成员集体所有。"

根据《民法典》第二百六十一条、第二百六十二条规定，农民集体所有的不动产和动产，属于本集体成员集体所有。

利。集体所有权和国家所有权一样，都属于公有财产所有权。对于土地承包方案、个别土地承包经营权人之间承包地的调整、土地补偿费使用和分配办法、集体企业所有权变动以及法律规定的其他事项，应当依照法定程序经本集体成员决定。对于集体所有的土地和森林、山岭、草原、荒地、滩涂等，属于村农民集体所有的，由村集体经济组织或者村民委员会依法代表集体行使所有权；分别属于村内两个以上农民集体所有的，由村内各该集体经济组织或者村民小组依法代表集体行使所有权；属于乡镇农民集体所有的，由乡镇集体经济组织代表集体行使所有权。农村集体经济组织或者村民委员会、村民小组应当依照法律、行政法规以及章程、村规民约向本集体成员公布集体财产的状况。集体成员有权查阅、复制相关资料。农村集体经济组织、村民委员会或者其负责人作出的决定侵害集体成员合法权益的，受侵害的集体成员可以请求人民法院予以撤销。

根据《民法典》第二百六十六条、第二百六十七条的规定，私人对其合法的收入、房屋、生活用品、生产工具、原材料等不动产和动产享有所有权。禁止任何组织或者个人侵占、哄抢、破坏。

　　私人所有权是指私人依法对其所有财产享有占有、使用、收益和处分的权利。私人所有权的主体是"私人"，包括自然人、法人及非法人组织。

2. 所有权的取得方式

取得所有权的合法方式，有原始取得和继受取得两类。所有权的原始取得又称固有取得，是指依照法律规定，直接通过某种方式或者行为，而非基于原所有人的意志，而取得特定财产的原始所有权。原始取得方式主要包括劳动生产、孳息收取、先占、添附等。继受取得又称传来取得，是指以法律行为或法律规定从原所有权人那里取得所有权的方式。继受取得的方式主要有合同、继承和遗赠、取得清算后财产等。

《民法典》对拾得遗失物的规则进行了完善。第三百一十二条首先明确了失主（所有权人或者其他权利人）有权追回遗失物，拾得人不会因拾得行为而获得遗失物所有权。当遗失物通过转让被他人占有时，权利人既可以选择让无处分权人赔偿损失，也可以在自知道或应当知道受让人之日起两年内请求受让人返还原物；但受让人通过拍卖或向有经营资格的经营者购得遗失物的，权利人应支付受让人所付费用，并可以就该费用有权向无处分权人追偿。在遗失物送交有关部门前、有关部门在遗失物被领取之前，拾得人和有关部门都对该遗失物负有妥善保管义务（因故意或者重大过失致使遗失物毁损、灭失的，应当承担民事责任）。权利人悬赏寻找遗失物的，领取遗失物时应当按照承诺履行义务。拾得人可向遗失物权利人主张因保管遗失物而支付的必要费用。拾得人侵占遗失物的，将丧失必要费用请求权以及报酬请求权。**例如，大学生甲丢失了一台平板电脑，非常着急，于是当即在校园贴吧上发布了悬赏告示，称如果拾得人归还该电脑，则给予其 500 元酬金。随后，大学生乙回复说他捡到了该电脑，并在归还电脑时请**

求甲支付该酬金。甲必须遵守前述承诺，否则乙有权暂时留置该电脑。当然，拾得人乙如不知道失主是甲，则应将遗失物送交公安等有关部门，有关部门应及时通知权利人领取，若不知道遗失物权利人的应发布招领公告。自发布招领公告之日起一年内，该电脑如无人认领，则归国家所有。除法律另有规定外，拾得漂流物、发现埋藏物或者隐藏物的，参照适用拾得遗失物的有关规定。

3. 所有权的限制

所有权行使是所有人对自己财产的支配利益的体现，应遵循私法自治原则。但是，所有权行使并不能任意而为，而受法律、公序良俗等限制，并且不得滥用所有权损害国家利益、公共利益和他人利益。

征收是国家所有权取得的一种方式，是为了公共利益的需要，依照法律规定的权限和程序征收集体所有的土地和组织、个人的房屋以及其他不动产的法律制度。

征用是指因抢险救灾、疫情防控等紧急需要，依照法律规定的权限和程序征用组织、个人的不动产或者动产的法律制度。**例如，在新冠肺炎疫情防控期间，政**

《民法典》第二百四十三条对征收作了规定："征收集体所有的土地，应当依法及时足额支付土地补偿费、安置补助费以及农村村民住宅、其他地上附着物和青苗等的补偿费用，并安排被征地农民的社会保障费用，保障被征地农民的生活，维护被征地农民的合法权益。征收组织、个人的房屋以及其他不动产，应当依法给予征收补偿，维护被征收人的合法权益；征收个人住宅的，还应当保障被征收人的居住条件。"

府可以依照法律规定的权限和程序，征用一些酒店、体育场馆等，用作隔离点。

征用不同于征收，征用是基于紧急需要，并不发生所有权的转移。在抢险、防疫、救灾等社会整体利益遭遇危机的情况下，需要动用大量的人力、物力进行紧急救助，国家为了公共利益可以不必事先征得所有权人的同意，而强制使用组织、个人的财产。因为征用是对所有权的限制，并可能给所有权人造成不利的后果，故征用有严格的限制条件：一是征用的前提条件是发生法定紧急情况，平时不得采用；二是应依照法律规定的权限和程序进行；三是使用后应当将征用财产返还权利人，并需给予相应补偿。

《民法典》第二百四十五条规定，对被征用的不动产或者动产，在使用后应当返还被征用人，被征用或者征用后毁损、灭失的，应当给予补偿。受新冠肺炎疫情防控的影响，本条在《物权法》第四十四条的基础上明确规定"疫情防控"是征用的适用情形之一。

（四）业主权利的保护与行使

1. 业主的建筑物区分所有权的内容

本编第六章规定了业主的建筑物区分所有权。业主的建筑物区分所有权既不同于按份共有，又不同于共同共有，是一种特殊的物权。业主对建筑物的专有部分享有所有权、对共有部分享有共有和共同管理的权利。

专有部分是指建筑物在构造上及使用

《民法典》第二百七十一条规定："业主对建筑物内的住宅、经营性用房等专有部分享有所有权，对专有部分以外的共有部分享有共有和共同管理的权利。"

依据《最高人民法院关于审理建筑物区分所有权纠纷案件具体应用法律若干问题的解释》第二条，专有部分应当"能够登记成为特定业主所有权的客体"。

上可以独立，且可以单独进行不动产所有权登记的建筑物部分。

共有部分包括建筑物的主体性结构和公共通行部分，以及建筑物的附属设施设备、附属建筑物等。根据《民法典》及相关规定，"下列属于业主共有部分：（1）建筑物中除专有部分以外的部分，例如楼梯、电梯、屋顶、外墙、无障碍设施等。（2）建筑区划内的道路，但属于城镇公共道路的除外。（3）建筑区划内的绿地，但属于城镇公共绿地或者明确属于个人的除外。（4）建筑区划内的其他公共场所、公用设施和物业服务用房。（5）占用业主共有的道路或者其他场地用于停放汽车的车位"。

《民法典》特别明确了车位、车库的权属，对属于利用人民防空工程形成的地下车库的权属未作规定。此前，《人民防空法》第五条第二款仅规定"国家鼓励、支持企业事业组织、社会团体和个人，通过多种途径，投资进行人民防空工程建设；人民防空工程平时由投资者使用管理，收益归投资者所有"，也并未明确人民防空工程的所有权归属。2015年国家发展改革委员会、财政部、国土资源部、

《民法典》第二百七十五条规定："建筑区划内，规划用于停放汽车的车位、车库的归属，由当事人通过出售、附赠或者出租等方式约定。占用业主共有的道路或者其他场地用于停放汽车的车位，属于业主共有。"第二百七十六条规定："建筑区划内，规划用于停放汽车的车位、车库应当首先满足业主的需要。"

住房城乡建设部等联合发布《关于加强城市停车设施建设的指导意见》，规定"鼓励利用……人民防空工程等地下空间建设停车设施……，投资建设主体依据相关规定取得停车设施的产权"。

业主对共有部分有共同管理的权利。业主可以依照法律、法规的规定条件和程序，设立业主大会，选举业主委员会，地方人民政府有关部门、居民委员会应当对设立业主大会和选举业主委员会给予指导和协助。与《物权法》规定的业主共同决定的范围相比，《民法典》新增"改变共有部分的用途或者利用共有部分从事经营活动"，这是因为这一事项涉及业主的重大利益，应当由业主共同决定。**例如，某小区一楼业主擅自圈占门口的公共绿地并将其改造成菜园，这就侵害了全体业主的共有和共同管理的权利。**

《民法典》第二百七十八条第二款规定了业主共同决定事项的表决规则：对第一款第一项至第五项、第九项规定的事项，应当经参与表决专有部分面积过1/2的业主且参与表决人数过1/2的业主同意；对第一款第六项至第八项规定的事项，应当经参与表决专有部分面积3/4以

《民法典》第二百七十八条第一款规定："下列事项由业主共同决定：（一）制定和修改业主大会议事规则；（二）制定和修改管理规约；（三）选举业主委员会或者更换业主委员会成员；（四）选聘和解聘物业服务企业或者其他管理人；（五）使用建筑物及其附属设施的维修资金；（六）筹集建筑物及其附属设施的维修资金；（七）改建、重建建筑物及其附属设施；（八）改变共有部分的用途或者利用共有部分从事经营活动；（九）有关共有和共同管理权利的其他重大事项。"

《物业管理条例》第十五条对业主大会、业主委员会成立的具体条件和程序进行了规定："业主委员会执行业主大会的决定事项，履行下列职责：（一）召集业主大会会议，报告物业管理的实施情况；（二）代表业主与业主大会选聘的物业服务企业签订物业服务合同；（三）及时了解业主、物业使用人的意见和建议，监督和协助物业服务企业履行物业服务合同；（四）监督管理规约的实施；（五）业主大会赋予的其他职责。"

上的业主且参与表决人数 3/4 以上的业主同意。这一表决规则与《物权法》相比有重大改变。

业主行使权利的机构为业主大会与业主委员会。业主大会由全体业主组成，是业主对建筑物进行共同管理的自治组织。业主委员会是业主大会的常设执行机构。

2. 业主权利的保护及业主的义务

根据《民法典》第二百八十条规定，业主大会或者业主委员会的决定，对业主具有法律约束力，若其决定侵害了业主合法权益，则受侵害的业主可以请求人民法院撤销其决定。此外，《物业管理条例》还规定，如果业主大会、业主委员会做出的决定违反法律、法规，那么区、县人民政府房地产行政主管部门或者街道办事处、乡镇人民政府应当责令限期改正或者撤销其决定，并通告全体业主。

根据《民法典》第二百八十六条规定，业主应当遵守法律、法规以及管理规约，相关行为应当符合节约资源、保护生态环境的要求。业主大会或者业主委员会，对任意弃置垃圾、排放污染物或者噪声、违反规定饲养动物、违章搭建、侵占通道、拒付物业费等损害他人合法权益的行为，有权依照法律、法规以及管理规约，请求行为人停止侵害、排除妨碍、消除危险、恢复原状、赔偿损失。业主或者其他行为人拒不履行相关义务的，有关当事人可以向有关行政主管部门报告或者投诉，有关行政主管部门应当依法处理。**例如，某小区一楼某单元的业主在房屋内开麻将馆，打麻将的声音及顾客的喧哗几乎持续全天，给邻居带来了噪声干扰，这就是违法的行为，需要承担相应的法律责任。**

《民法典》规定业主委员会有权依法更换建设单位聘请的物业服务企业或者其他管理人，并特别在第三编增加了"物业服务合同"规定。物业服务企业或者其他管理人根据业主的委托，依法管理建筑区划内的建筑物及其附属设施，接受业主的监督，并及时答复业主对物业服务情况提出的询问。

《民法典》特别针对紧急情况下的物业管理进行了规定。这为业主委员会在紧急情况下能够较为便捷地申请使用维修资金，及时采取措施以保障住宅安全，提供了法律依据。物业服务企业或者其他管理

《民法典》第二百八十一条第二款规定："紧急情况下需要维修建筑物及其附属设施的，业主大会或者业主委员会可以依法申请使用建筑物及其附属设施的维修资金。"

人应当执行政府依法实施的应急处置措施和其他管理措施，积极配合开展相关工作。对于物业服务企业或者其他管理人执行政府依法实施的应急处置措施和其他管理措施，业主应当依法予以配合。**例如，在新冠肺炎疫情防控期间，在政府公布的风险区域，物业服务企业严格依法执行政府的应急处置措施，要求居民出入小区必须出示健康码，这就是正当、合法、必要的疫情防控手段，业主负有配合的法律义务。**

（五）农村土地承包"三权分置"

1. 农村土地"三权分置"的内容

目前，我国实行农村土地"三权分置"制度，对农村集体所有土地实行所有权、承包权、经营权分置，以促进土地经营权的流转，提高土地资源利用的效率。土地承包经营权属于具有中国特色的用益物权。

根据中共中央办公厅、国务院办公厅2016年印发的《关于完善农村土地所有权承包经营权分置办法的意见》，农村土地集体所有权在"三权分置"中处于根本地位，不能虚置。《土地承包法》《民法典》

《民法典》第三百三十条规定："农村集体经济组织实行家庭承包经营为基础，统分结合的双层经营体制。农民集体所有和国家所有由农民集体使用的耕地、林地、草地以及其他用于农业的土地，依法实行土地承包经营制度。"

都规定，农户享有土地承包经营权，有权依照法律规定将土地承包经营权互换、转让（未经依法批准，不得将承包地用于非农建设），并可以自主决定依法采取出租、入股或者其他方式向他人流转土地经营权。对不宜采取家庭承包方式的荒山、荒沟、荒丘、荒滩等农村土地，可以采取招标、拍卖、公开协商等方式承包。因此，土地承包权人为集体经济组织内部的成员，对于特定的农村土地，本集体经济组织以外的组织或者个人在符合法律规定的情形下只可成为土地承包人（土地经营权人）。农村土地经营权，指承包方承包农村土地后依法依约在相应的农村土地上从事种植业、林业、畜牧业等农业生产并取得收益的权利。

《民法典》第三百四十条规定："土地经营权人有权在合同约定的期限内占有农村土地，自主开展农业生产经营并取得收益。"

根据我国有关农村土地制度改革的精神，经营主体可流转土地经营权或依法依规设定抵押，但须经承包农户书面同意并向农村集体书面备案。同时，支持新型经营主体提升地力、改善农业生产条件、依法依规开展土地经营权抵押融资。因此，《民法典》规定土地经营权可依法流转，删除了《物权法》《担保法》关于耕地和以招标、拍卖、公开协商等方式取得的荒地等土地承包经营权不得抵押的规定。**例如，农民甲因进城经商，无暇经营承包地，就可以将其土地承包经营权转让给本集体经济组织的另一位农民乙，或者将土地经营权出租给新型农业经营主体和服务主体（包括家庭农场、农民合作社和农业社会化服务组织），也可以将土地经营权抵押给银行以获得融资。**

2. 土地承包经营权的成立、内容及行使

作为用益物权的一种，农村土地承包经营权是有期限的。耕地的承包期为三十年，草地的承包期为三十年至五十年，林地的承包期为三十年至七十年，期限届满后由土地承包经营权人依照农村土地承包的法律规定继续承包。在承包期内，发包人原则上不得调整承包地，在因自然灾害严重毁损承包地等特殊情形需要适当调整承包的耕地和草地的情形下，应当依照农村土地承包的法律规定办理。除法律另有规定外，承包期内发包人也不得收回承包地。

土地承包经营权自土地承包经营权合同生效时设立，不以登记为生效要件。当然，登记机构应当向土地承包经营权人发放土地承包经营权证、林权证等证书，并登记造册，确认土地承包经营权。在土地承包经营权互换、转让的情形下，当事人也可以向登记机构申请登记，若未经登记则不得对抗善意第三人。流转期限为五年以上的土地经营权，自流转合同生效时设立，当事人可以向登记机构申请土地经营权登记，若未经登记则不得对抗善意第三人。

（六）建设用地使用权

1. 建设用地使用权的设立

建设用地使用权也属于用益物权。建设用地使用权的客体原则上

是国家所有的土地，集体所有的土地作为
建设用地的，应当依照土地管理的法律规
定办理。建设用地使用权可以在土地的地
表、地上或者地下分别设立。

设立建设用地使用权可采取出让或者
划拨等方式。建设用地使用权原则上以出
让方式有偿取得，但国家机关用地和军事
用地、城市基础建设设施用地和公益事业
用地、国家重点扶持的能源交通水利等基
础设施用地、法律及行政法规规定的其他
用地，可以通过无偿划拨的方式取得建设
用地使用权。《民法典》第三百四十七条
规定严格限制以划拨方式设立建设用地使
用权，有关划拨方式的具体规则应依据
《土地管理法》的规定。

在出让方式中，国家将建设用地使用
权在一定年限内出让给土地使用者，由土
地使用者向国家支付建设用地出让金。工
业、商业、旅游、娱乐和商品住宅等经营
性用地以及同一土地有两个以上意向用地
者，应当采取招标、拍卖等公开竞价的方
式出让。

对于以出让的方式设立的建设用地使
用权，不同用途的土地有不同的期限。根
据《城镇国有土地使用权出让和转让暂行

《民法典》第三百四十四条规定："建设用地使用权人依法对国家所有的土地享有占有、使用和收益的权利，有权利用该土地建造建筑物、构筑物及其附属设施。"

《民法典》第三百五十九条规定："住宅建设用地使用权期限届满的，自动续期。续期费用的缴纳或者减免，依照法律、行政法规的规定办理。非住宅建设用地使用权期限届满后的续期，依照法律规定办理。该土地上的房屋以及其他不动产的归属，有约定的，按照约定；没有约定或者约定不明确的，依照法律、行政法规的规定办理。"

条例》规定，建设用地使用权出让的最高年限为：居住用地七十年；工业用地五十年；教育、科技、文化、卫生、体育用地五十年；商业、旅游娱乐用地四十年；综合或者其他用地五十年。对于不同用途的建设用地使用权，其期限届满后的规定亦不相同。

设立建设用地使用权的，应当向登记机构申请建设用地使用权登记。建设用地使用权自登记时设立。登记机构应当向建设用地使用权人发放权属证书。建设用地使用权人应当合理利用土地，不得改变土地用途；需要改变土地用途的，应当依法经有关行政主管部门批准。

《民法典》第三百四十六条规定："设立建设用地使用权，应当符合节约资源、保护生态环境的要求，遵守法律、行政法规关于土地用途的规定，不得损害已经设立的用益物权。"

2. 建设用地使用权的内容及行使

建设用地使用权人的权利包括：（1）依法对国家所有的土地占有、使用和收益，利用该土地建造建筑物、构筑物及其附属设施。（2）将建设用地使用权转让、互换、出资、赠与或者抵押（但是法律另有规定的除外），应向登记机构申请变更登记，使用期限不得超过建设用地使用权的剩余期限。建设用地使用权转让、互换、出资或者赠与的，附着于该土地上的建筑物、构筑物及其附属设施一并处分。建筑物、构筑物及其附属设施转让、互换、出资或者赠与的，该建筑物、构筑物及其附属设施占用范围内的建设用地使用权一并处分。（3）建设用地使用权期限届满前，因公共利益需要提前收回该土地的，权利人有权对该土地上属于其所有的房屋以及其他不动产依法获得补偿，并要求退还相应的出让金。

（七）宅基地使用权

1. 宅基地使用权的设立

宅基地使用权，是指农村集体经济组织成员以户为单位，依法对集体所有的土地进行占有、使用，依法利用该土地建造住宅及其附属设施的用益物权。宅基地使用权只能由农村居民享有。

目前，我国正在推进宅基地制度改革。2013 年中国共产党十八届三中全会通过的《中共中央关于全面深化改革若干重大问题的决定》提出，要"保障农户宅基地用益物权，改革完善农村宅基地制度，选择若干试点，慎重稳妥推进农民住房财产权抵押、担保、转让，探索农民增加财产性收入渠道"。2020 年中央一号文

《民法典》第三百六十三条规定："宅基地使用权的取得、行使和转让，适用土地管理的法律和国家有关规定。"

件提出，要"以探索宅基地所有权、资格权、使用权'三权分置'为重点，进一步深化农村宅基地制度改革试点"。这就给宅基地制度改革留下了空间。

《民法典》对宅基地使用权人的范围未作规定。《土地管理法》第六十二条第一款规定"农村村民一户只能拥有一处宅基地"，也就是说，宅基地使用权的主体只能是以户为单位的农村村民，城市居民不具备取得宅基地使用权的资格。

虽然本集体组织内部转让宅基地使用权是有效的，但宅基地对外流转原则上是被现行法律禁止的。根据《最高人民法院第八次全国法院民事商事审判工作会议（民事部分）纪要》的精神，在国家确定的宅基地制度改革试点地区，可以按照国家政策及相关指导意见处理宅基地使用权因抵押担保、转让而产生的纠纷。在非试点地区，农民将其宅基地上的房屋出售给本集体经济组织以外的个人，该房屋买卖合同认定为无效。合同无效后，买受人请求返还购房款及其利息，以及请求赔偿翻建或者改建成本的，应当综合考虑当事人过错等因素予以确定。

《土地管理法》第六十二条规定："国家允许进城落户的农村村民依法自愿有偿退出宅基地，鼓励农村集体经济组织及其成员盘活利用闲置宅基地和闲置住宅。"

2. 宅基地使用权的社会保障功能

宅基地具有社会保障功能，必须确保每户农村居民都拥有宅基地。《民法典》第三百六十四条规定具有重大意义。**例如，在遇到山体滑坡、地震等致使宅基地灭失的情形下，就要对丧失宅基地的村民重新分配宅基地。**

> 《民法典》第三百六十四条规定：宅基地因自然灾害等原因灭失的，应当依法对受灾村民重新分配宅基地。"

目前，宅基地使用权还没有完全进行登记。不过，2020 年中央一号文件已经作出"扎实推进宅基地使用权确权登记颁证"的决定。宅基地使用权是不动产用益物权，其设立、转让、消灭都应以登记为原则。

> 《民法典》第三百六十五条规定："已经登记的宅基地使用权转让或者消灭的，应当及时办理变更登记或者注销登记。"

《民法典》对宅基地可否抵押未作规定。据此，宅基地原则上不得抵押，但考虑到国家正在推进宅基地抵押试点改革，所以第三百九十九条为对未来宅基地制度改革成果予以确认提供了条件。

> 根据《民法典》第三百九十九条规定，"宅基地、自留地、自留山等集体所有土地的使用权"不得抵押，"但是法律规定可以抵押的除外"。

宅基地"三权分置"制度改革的推进和《民法典》的颁布，给放活宅基地使用权提供了契机。要把宅基地使用权作为工作重点，加快开展地籍调查，摸清宅基地权属情况，加快推进宅基地使用权登记和颁证工作。要充分发挥基层自治组织的作用，处理好当前宅基地使用权存在的问题，促进乡村和谐振兴。

（八）居住权

1. 居住权的含义与特征

《民法典》物权编第十四章新设了居住权制度。据此，所谓居住权，是指按照合同约定，为满足生活居住的需要，对他人的住宅享有的占有、使用的用益物权。居住权具有以下特征：

其一，居住权是一种用益物权，具有对世性，在合同期内甚至可以对抗所有权。居住权作为用益物权，支配的对象是房屋的使用价值而非交换价值。

其二，居住权的设立可以是有偿的，也可以是无偿的。设立居住权的目的，在于让居住权人满足生活居住需要，通常具有道义或社会保障色彩。故第三百六十八条在一般意义上规定"居住权无偿设立"，但也考虑到多元化的需求，本条也允许当事人另行约定有偿设立。

其三，居住权的设立，必须通过合同或遗嘱的方式。居住权合同是要式合同，即必须以书面形式订立。

其四，设立居住权的，应当向登记机构申请居住权登记，居住权自登记时设

> 《民法典》第三百六十六条规定："居住权人有权按照合同约定，对他人的住宅享有占有、使用的用益物权，以满足生活居住的需要。"

> 根据《民法典》第三百六十七条规定，居住权合同一般应包括：当事人的姓名或者名称和住所；住宅的位置；居住的条件和要求；居住权期限；解决争议的方法。

立。居住权因期限届满或者居住权人死亡而消灭的，应当及时办理注销登记。

其五，居住权受法律的特别限制。居住权具有属人性，当然不得转让、继承。此外，法律并未明确规定设立居住权的住宅可否转让或抵押，考虑到居住权仅限于生活居住的目的，因而在法律并无禁止规定的情况下该房屋应允许转让或抵押，但新的所有权人以及抵押权人在行使权利时，不得影响居住权人居住。

> 《民法典》第三百六十九条规定："居住权不得转让、继承。设立居住权的住宅不得出租，但是当事人另有约定的除外。"

2. 居住权的意义

我国在安居方面已经有很多举措，例如推行廉租房、经济适用房、安置房等政策，如果将公共住宅纳入居住权的适用范围，则更有利于对居住权人的权利保障。此外，居住权制度也为"小产权房"问题提供了新的解决思路。

> 党的十九大报告提出："坚持房子是用来住的、不是用来炒的定位，加快建立多主体供给、多渠道保障、租购并举的住房制度，让全体人民住有所居。"

对于不动产登记部门而言，增加了居住权登记的职责。在办理房屋登记时，要审慎审查房屋上是否设有居住权，以及是否出现居住权期限届满、居住权人死亡的情形。不动产登记部门需要加强和民政部门、公安户籍部门的信息交流，及时办理居住权注销登记。

居住权的设立也有利于增强社会保障，实现社会和谐稳定。为弱势群体如孤寡老人、低收入人群等设立居住权，可以解决他们最基本的生存需要。例如，在离婚时，一方可以个人财产中的住房对生活困难的另一方设定居住权。居住权也有利于老年照护制度的完善。**例如，某对年逾 70 岁的老年夫妻，儿女都在海外工作、生活，只有一个 50 多岁的亲戚作为保姆来照顾他们的生活。他们就可以和保姆签订居住权合同，约定保姆对他们的房屋拥有居住权，并将居住权设定信息登记在房屋权属登记簿上。他们也可以通过遗嘱的形式，将房屋的所有权留给儿女，同时让这个保姆拥有终生居住的权利。再如，这对老年夫妻也可以通过合同约定，在保留居住权的前提下将房屋所有权转让给银行或其他机构，由后者定期或一次性给付相应的房屋价款，由此形成"以房养老"的新模式。**

（九）担保物权的一般规则

1. 担保物权的含义和分类

所谓担保物权，是指在债务人不履行到期债务或者发生当事人约定的情形下，债权人就担保财产依法享有的优先受偿的权利（法律另有规定的除外）。担保物权的担保范围不仅包括主债权，还包括利息、违约金、损害赔偿金、保管担保财产和实现担保物权的费用。

例如，甲向乙借款 10 万元，为保障债权实现乙提出用甲的汽车进行担保，甲同意并与乙订立了抵押合同。甲到期未能偿还对乙的债务 10 万元，并造成违约金 2 万元，则乙可以在甲的汽车拍卖所得的数额（卖出 15 万元）内，就 10 万元本金、2 万元违约金以及拍卖费中实现担保物权的费用，优先于其他不具有担保物权的债权人受偿。当然，如果甲还有发生在担保物权设立之前的欠缴税款，则税款是优先于乙

的债权的，这是法律另有规定的例外情形之一。

本编规定的担保物权，包括抵押权、质权、留置权。除留置权外，抵押权、质权的成立都来源于担保合同。担保合同除了包括抵押合同、质押合同外，还包括具有担保功能的其他类型的合同。担保合同是主债权债务合同的从合同，具有从属性。如果当事人约定担保合同的效力独立于主债权债务，则这种约定无效。除法律另有规定外，当主债权不成立的时候，担保物权也不能成立；当主债权转让的时候，担保物权也随之转让；当主债权消灭的时候，担保物权也随之消灭。当然，法律也明确规定了例外情形。例如，独立保函的效力就是独立于主债权债务的。独立保函是指银行或非银行金融机构作为开立人，以书面形式向受益人出具的，同意在受益人请求付款并提交符合保函要求的单据时，向其支付特定款项或在保函最高金额内付款的承诺。

2. 担保物权的特征和内容

担保物权具有优先受偿性，这是担保物权的固有性质。有担保物权的债权人不仅优先于一般的债权人受偿，甚至还优先于法定的债权。例如，虽然国家享有税收优先权，即欠缴税款通常优先于无担保债权，担保物权成立之前的欠缴税款也先于担保物权执行，但是在担保物权成立之后的欠缴税款，则不得优先于担保物权人受偿。

担保物权具有代位性。在担保期间，如果担保财产毁损、灭失或者被征收等，担保物权人可以就获得的保险金、赔偿金或者补偿金等优先受偿。如果被担保的债权的受偿期未满，那么也可以采取提存措施。**例如，甲贷款25万元买车并用车向某银行设立抵押权，后来因发生交通事故该车被毁损，保险公司理赔了20万元，这20万元就要先偿还给银行。如果银行的债权尚未到期，甲也不愿提前偿还，则可以**

先提存该 20 万元保险金。

担保物权分为法定担保物权和意定担保物权。法定担保物权是指，依据法律规定的构成要件而当然发生的一种担保物权。最典型的法定担保物权就是《民法典》物权编第十九章规定的留置权，即债权人已经合法占有债务人的动产，如果债务人到期不履行其债务，债权人对该动产具有的优先受偿权。此外，第八百零七条规定的建设工程价款优先权也属于法定担保物权。

意定担保物权是指，依据当事人意思而产生的担保物权，主要包括抵押权、质权。所谓抵押权，是指在债务人到期不还钱时，债权人将债务人或第三人提供抵押的财产拍卖或变卖并就该价款优先受偿的权利。所谓质权，是指债务人或第三人把用于担保的动产移交给债权人，在债务人到期不还钱时，债权人可以就该动产优先受偿的权利。

3. 实现担保物权的一般规则

同一债权可以发生物的担保（抵押权、质权、留置权等）和人的担保（保证）并存的情况。这就需要明确担保执行的顺位，以平衡担保权人之间的利益关系，稳定交易秩序。

对多个物的担保并存的情形，《民法典》也提供了相应的顺位规则。（1）法定担保物权优于意定担保物权。根据第四百五十六条规定，留置权人优先于抵押权人或者质权人受偿。（2）根据第四百一十六条规定，购置款抵押权人优先于除留置权人外的其他担保物权人受偿。（3）根据第四百一十五条规定，同一财产既设立抵押权又设立质权的，拍卖、变卖该财产所得的价款按照登记、交付的时间先后确定清偿顺序。（4）第四百一十四条对多个抵押权竞存时的优先受偿顺序作了规定。即都登记的看先后，登记优于未登记，都不登记按比例。**例如，甲周一在钻石上**

给乙设立了抵押权但没办理登记，周二把钻石交到了丙手上，并设立了质权，则丙优先于乙受偿；如果甲在周一与乙办理了抵押权登记，则乙优先于丙受偿。

《民法典》还规定了担保物权转移和消灭的问题。担保物权原则上是随着主债权转移而转移的，但是在第三人提供担保的情况下，如果未经第三人书面同意，债权人允许债务人转移全部或者部分债务的，担保人不再承担相应的担保责任。原因很简单，第三人通常是基于原债务人的"面子"而提供担保，现在换成替别人担保，对第三人不公平。担保物权的消灭事由，主要包括主债权消灭、担保物权实现、债权人放弃担保物权以及法律规定担保物权消灭的其他情形。

根据《民法典》第三百九十二条规定，在物的担保、人的担保并存时，应当按照约定实现债权。在没有约定或者约定不明确时，如果是债务人自己提供的担保物，则应优先实现该物的担保；如果担保物是第三人提供的，债权人可以在物的担保和第三人的保证之间选择或同时主张担保责任。第三人在履行担保责任后，可以向债务人行使相应的追偿权。

（十）抵押权、质权与留置权

1. 抵押权

抵押权的意义在于帮助解决私人生活、经营中的资金短缺问题，提供借款可能，同时，保障了债权人的权利，使债权人因债务人无法清偿造成的风险最小化，加大资金流转、促进经济发展。除一般抵押权外，特别的抵押权可以为市场经济提供更大的支持，比如最高额抵押、动产浮动抵押等。

抵押权的设立一定是以担保债务履行、债权实现为目的的。债务人或者第三人通过提供财产作为该债务履行的担保，从而使债权人获得优先受偿权。生活中常见的情形之一是"按揭"贷款买房，购房者为获得贷款而将所购房屋抵押给银行，如果到期无法偿还贷款，则银行可以将该房产拍卖并以其价款优先受偿。除无法偿还债务，如果发生了当事人约定的实现抵押权的情形，也会导致抵押权的实现。**例如，某公司向银行贷款，并用公司厂房进行抵押，同时约定该笔款项仅可用于公司扩大生产，而公司取得贷款后将资金用于金融投资或其他用途，如此时银行要求公司归还贷款不能实现，则可以拍卖抵押的厂房用以清偿贷款。**

抵押物不限于房产等不动产，汽车等动产也可以抵押。抵押物的种类一般为建筑物和其他土地附着物、建设用地使用权、海域使用权、生产设备、原材料、半成品、产品、交通运输工具，以及正在建造的建筑物、船舶、航空器等。不可用于抵押的财产包括：土地所有权；法律规定可以抵押外的耕地、宅基地、自留地、自留山等集体所有土地的使用权；学校、幼儿园、医疗机构等为公益目的成立的非营利法人的教育设施、医疗卫生设施和其他公益设施；所有权、使用权不明或者有争议的财产；依法被查封、扣押、监管的财产；法律、行政法规规定不得抵押的其他财产。值得注意的是，《民法典》规定，企业、个体工商户、农业生产经营者可以将现有的以及将有的生产设备、原材料、半成品、产品抵押。

设立抵押权时，当事人应当采用书面形式订立抵押合同。《民法典》改变了我国长期以来禁止"流押条款"的态度，对当事人约定债务人到期无法履行债务即将抵押财产归抵押权人所有的，并非规定为无效，而是明确抵押权人"只能依法就抵押财产优先受偿"。

不动产及不动产用益物权抵押必须办理抵押登记，不登记则抵押权不生效，抵押权只有在登记时才得以设立。动产抵押可以不办理登记，抵押权自抵押合同生效时设立，但权利实现可能会遇到障碍。**例如，甲用汽车为乙设立抵押权，但没有登记；后来甲又用该汽车为不知情的丙设立了抵押权且进行了登记，则已经登记的抵押权人丙可以就该汽车拍卖、变卖等获得的价款优先于乙获得债务清偿，乙的抵押权因未经登记而对丙不具有对抗效力，因而可能无法及时、充分地实现其债权。**

抵押物担保的债务被全部清偿后，债权和抵押权均消灭。因自然灾害等原因造成抵押物不存在时，抵押权也不复存在。在第三人是抵押人的情况下，第三人一般是基于信任而提供财产给债务人办理抵押的，如果抵押权人即债权人没有经过抵押人同意而转让债务，则抵押人可以不承担担保责任，此时抵押权也随之消灭。

《民法典》第四百零八条规定了抵押权人维持抵押财产价值的权利。**例如，甲用供家庭日常使用的轿车为乙设立了抵押权，在抵押期间擅自改为网约车营运，甲的行为增大了抵押物的风险，足以使该轿车的价值减少，那么乙有权请求甲停止其营运行为；如果该轿车因发生交通事故而贬值，那么乙有权请求甲恢复轿车的价值或者提供与所减少的价值相应的其他担保；如果甲不采取这些措施，那么乙可以请求甲提前清偿债务。**

2. 质权

质权分为动产质权和权利质权。

动产质权的设立，应当订立书面的质押合同，并以债务人或者第三人将其动产交付给债权人占有为要件,质权自该动产交付时设立。

《民法典》同样改变了我国长期以来"流质禁止"的态度。**例如,甲向乙借款 1 万元,约定用一块价值 1.5 万元的手表质押并进行了交付,虽然甲乙约定在甲无法偿还借款时手表就归乙所有,但是根据《民法典》第四百二十八条规定,乙依然不能获得该手表的所有权,而只能就该手表依法享有优先受偿权。如果该手表经过拍卖仅卖得 0.8 万元,则甲仍需归还剩余的 0.2 万元,如卖得 1.2 万元,则乙只能获得 1 万元以及可能产生的违约金、利息、实现质权的费用(债权数额),价款超过债权数额的部分归出质人甲所有。**

在上例中,如果甲履行了债务或者提前清偿所担保的债权即 1 万元,那么乙应当返还该手表。**如果甲不履行到期债务或者发生当事人约定的实现质权的情形,双方可以协商将该手表参照市场价格折价给乙,或者在对该手表拍卖、参照市场价格变卖后,乙从该手表拍卖或变卖所得的价款中优先受偿。甲如果不履行还款 1 万元的债务,也可以请求乙在债务履行期限届满后及时行使质权,如果乙坚持不行使,甲也可以请求人民法院拍卖、变卖该手表。**

因质权人在事实上占有质押物,故质权人可以收取质押物的孳息(合同另有约定的除外),例如母羊所产小羊。当然,质权人对该孳息(例如小羊)并无所有权。

质权人需要对质押财产尽到妥善保管的义务。**例如,甲将手表出质给乙后,如果乙在保管期间擅自使用或者对外出租、变卖该手表,或者因不当保存造成该手表损坏、价值降低、灭失等损失,就应当对甲进行赔偿。如果乙在质押期间未经甲的同意,将该手表以自己的名义再次出质给其他人,后该手表被丢失,那么应由乙对甲进行赔偿。**当然,若是因为不可抗力、意外事件等不可归责于乙的事由,导致该

手表的价值明显减少，那么乙可以要求甲就相应的差额部分继续提供担保。

权利质权是质权的另一个重要类型。依据《民法典》第四百四十条规定，可以出质的权利包括：（1）汇票、本票、支票；（2）债券、存款单；（3）仓单、提单；（4）可以转让的基金份额、股权；（5）可以转让的注册商标专用权、专利权、著作权等知识产权中的财产权；（6）现有的以及将有的应收账款；（7）法律、行政法规规定可以出质的其他财产权利。以前三项权利出质时，在法律未另有规定的情形下，质权在上述凭证交给质权人的时候设立；以第四至六项权利出质时，质权自办理出质登记时设立。如果出质人与质权人不能协商一致，那么基金份额、股权、应收账款出质后不得转让，知识产权中的财产权出质后也不得转让或者许可他人使用。

3. 留置权

作为法定担保物权的留置权，其成立必须同时满足三个条件：（1）债权人已经合法占有了债务人的动产，即以占有为前提。如果留置权人对留置财产丧失占有，那么已经产生的留置权也归于消灭。（2）该动产应当与债权属于同一法律关系，例如汽车与该汽车送修后产生的维修费，但企业间留置的除外。当然，如果法律特别规定或者当事人约定不得对某动产留置，则应遵守法律规定或合同约定。（3）债务人对已经到期的债务没有履行。如果留置权人接受债务人另行提供担保的，可以视为该债务已经履行，那么已经产生的留置权也将归于消灭。

例如，甲将因事故受损的汽车送到某修车行进行修理，约定修好时付款，但没有约定不得留置该汽车。修车行修好汽车后通知甲取车，甲拒不支付维修费，那么修车行就可以暂扣（留置）甲的汽车，并有

权就该汽车优先受偿。在留置期间，修车行应当妥善保管甲的汽车，如果因保管不善致使该汽车毁损、灭失的，应当对甲予以相应的赔偿。

修车行留置甲的汽车后，应当与乙协商确定乙支付维修费的期限，如果达不成协议或协议不清楚，那么修车行应该给甲至少60日的债务履行期限（当然，如果留置的财产不是汽车而是水果，则可以少于60日）。在这个履行期限届满后，如果甲仍未付款，则修车行可以和甲协议将车折价处理，或者将车辆拍卖、变卖后用所得的价款支付修车费用，并将剩余钱款返还于甲。

当然，如果甲考虑到该汽车的价值不高，因而一直不愿意支付维修费，则甲也可以请求修车行在前述不少于60日的债务履行期限届满后行使留置权。如果修车行不行使留置权，则甲也可以请求人民法院拍卖、变卖该汽车。在折价或者拍卖、变卖后，其价款超过债权数额的部分归甲所有，不足部分由甲继续向修车行清偿。

抵押权、质权和留置权都属于担保物权，在具有共性的同时也有区别。抵押权的客体是不动产（包括不动产用益物权）、动产，质权的客体则只能是动产及权利，留置权的客体只能是动产。抵押权不要求转移对抵押物的占有，但对不动产有登记的要求。动产质权和留置权则以占有为前提，如丧失占有则权利消灭。权利质权则要么以交付权利凭证为前提，要么以登记为前提。

（十一）占有

占有是指民事主体对物的事实上的支配状态。占有人的占有权益受法律保护。

占有可以分为有权占有和无权占有。有权占有，是指有法律上或者事实上根据的占有，例如修车行对被维修汽车的占有。又如，在仓储、运输、维修等合同关系情形下，仓储方、运输者、维修者对占有之物当然不具有所有权，但是对标的物的占有是受法律保护的。在基于合同关系等产生的占有上，占有人和相关权利人之间的权利、义务和责任等，按照合同约定或者有关法律规定处理。

无权占有，是指没有法律上的根据的占有，例如对盗窃物、遗失物的占有。无权占有人有返还占有物及产生的孳息的义务，权利人在请求返还原物及其孳息的同时，也有义务支付善意占有人因维护该不动产或者动产支出的必要费用。占有的不动产或者动产毁损、灭失，该不动产或者动产的权利人请求赔偿的，占有人应当将因毁损、灭失取得的保险金、赔偿金或者补偿金等返还给权利人。

无权占有分为恶意占有和善意占有。所谓恶意，系明知而故犯、知情而有过失；所谓善意，则是指不知情并无过失。区分恶意占有和善意占有具有法律意义。善意占有人对于因维护该物支出的必要费用可以要求权利人返还，而恶意占有人则无权要求返还。如果因使用占有物而致其受到损害，或在占有物毁损、灭失时取得的保险金、赔偿金或者补偿金等不足以弥补权利人的损害的情形下，恶意占有人还可能需要承担相应的赔偿责任，善意占有人则例外。

例如，甲和乙是朋友，在外国旅行期间购买了同样款式的某品牌手机各两部。乙和妻子各用一部。在旅行归来后的第三天，甲去乙的家里做客，不慎将其新买的手机遗忘在乙家沙发一侧的角落里，乙对甲遗忘手机之事并不知情（误以为是妻子的手机），此时乙对甲的手机的占有就是善意占有。当天下午，乙的刚成年的儿子丙把甲的手机偷着拿走，因丙拿走的时候知道这是甲的手机，故其行为属于恶意占有。丙在次日将甲的手机贴了保护膜，并恢复了手机的出厂设置，然后以3500元的价格卖给了朋友丁，出卖前告诉丁说这是父亲新买给自己的根据《民法典》第四百六十二条第二款规定，占有人返还原物的请求权需要自侵占发生之日起一年内行使，若到期未行使，则该请求权消灭。

手机。后来，甲想起来手机遗忘在乙家，并告知了乙，乙回家后查清了情况。不过，丁不愿返还手机。因丙系恶意占有，故无权要求甲承担手机贴膜的费用，并应对甲的损失（除手机购买费用外，还包括手机储存信息被清除而可能产生的损失）进行赔偿。

占有人尽管不同于所有权人，但不论是在有权占有还是无权占有的情况下，当占有受到侵犯时，占有人都有权保护占有的权益。如果占有人占有的物被他人侵占或受到他人妨害，甚至因此而受到损害，那么其有权请求返还原物、排除妨害、消除危险或者损害赔偿。

第三课

合同编

一、本编要义

（一）合同的特征及分类

合同具有如下重要的特征：[1]（1）主体的平等性。合同关系的主体处于平等的法律地位，权利受到平等的保护，彼此之间不存在管理和服从的关系。行政机关在履行行政管理职责过程中，与行政相对人之间订立的合同，因双方在法律地位上不具有平等性，订立的合同不受合同编调整，但可参照合同编。行政机关在非履行行政管理职责过程中，与一般市

《民法典》第四百六十四条第一款规定："合同是民事主体之间设立、变更、终止民事法律关系的协议。"

---

[1]　参见王利明：《合同法研究》（第1卷），中国人民大学出版社2015年版，第56页。

场主体订立的民事合同，仍然受合同编调整，因为此时的双方不存在管理和服从的关系，而处于平等的地位。（2）内容的财产性。合同是订立、变更或终止民事法律关系，改变原有民事法律关系中所蕴含的具有经济内容的权利、义务，一般情况下仅涉及财产关系。对于涉及身份关系的协议，仅在没有专门法律规定时，才可以根据其性质参照适用合同编的规定（参见第四百六十四条第二款）。（3）产生的自愿性。合同的订立是当事人意思表示一致的产物，源于当事人的合意，并非源于法律的强制。两方或多方当事人意思表示一致，才可能成立合同。非因当事人合意而产生的民事关系，不归合同编调整。

《民法典》第四百六十四条第二款规定："婚姻、收养、监护等有关身份关系的协议，适用有关该身份关系的法律规定；没有规定的，可以根据其性质参照适用本编规定。"

世间合同万万千千，可以采取抽象的类型化思维，对其进行分类。按照不同的标准，可以作各种各样的分类，因而同一合同在不同分类标准下，可以归入不同的类别之中。根据合同编及其他法律的内容，具有实际意义的合同分类包括：① 典型合同与非典型合同、双务合同与单务合

---

① 参见韩世远：《合同法总论》（第四版），法律出版社 2018 年版，第 68—98 页。

表 3-1 合同的分类

	种 类	区分标准	常见事例	区分意义
1	典型合同	合同编、其他编或其他法律设有专门规范和名称①	买卖、租赁、保理、物业服务等	典型合同可直接适用相关法律规定，而非典型合同则适用合同编通则的规定，并可以参照适用最相类似典型合同的规定
	非典型合同	合同编、其他编或其他法律未设专门规范和名称	让与担保、保兑仓交易、借用等	
2	双务合同	双方当事人负互义务	买卖、租赁、承揽等	双务合同中存在义务的同时履行、合同的法定解除等问题，而单务合同中不存在
	单务合同	一方当事人负有义务，另一方当事人不负义务	赠与、保证等	
3	有偿合同	一方享受合同约定的权益，须向对方偿付相应的对价	买卖、租赁等	在无偿合同中，债务人的注意义务较轻，债权人可以是无民事行为能力或限制民事行为能力人
	无偿合同	只有一方当事人作出给付，另一方当事人不作给付或所作给付不具有对价意义	赠与、使用借贷等	
4	诺成合同	意思表示一致即可成立	买卖、租赁等	实践性合同中，交付标的物或完成其他给付是先合同义务，违反后产生缔约过失责任
	实践合同	除意思表示一致外，还要求交付标的物或其他给付	定金、保管合同等	
5	要式合同	法律或当事人要求一定的形式	金融借款、融资租赁、建筑工程、技术转让等	要式合同往往是基于行政管理、提醒当事人慎重等要求而作出，有时会影响合同效力
	不要式合同	不要求一定的形式	买卖、赠与等	
6	一时性合同	一次性给付即可实现合同内容	买卖、互易、赠与、承揽等	合同的履行、违约的补救、解除权的发生、解除的效力等方面均存在区别
	继续性合同	合同内容随时间推移继续地实现	合伙、租赁、雇佣、消费借贷、保管、委托等	
7	主合同	不以其他合同的存在为前提	买卖、租赁等	主合同的不成立、变更或转让、无效或撤销，相应地影响从合同
	从合同	以其他合同的存在为前提	保证、抵押、质押等	
8	预 约	约定将来订立一定合同的合同	认购书、订购书、预订书等	预约合同具有担保功能，一般不能要求继续履行或赔偿履行利益，只承担预约合同的违约责任
	本 约	基于预约而订立的合同	常见的合同	
9	束己合同	为订约人自己订立的合同	一般合同均是	涉他合同中，第三人不能要求债务人履行，除非法律有规定或者当事人有约定
	涉他合同	合同内容涉及第三人	向第三人履行的合同、由第三人履行的合同	

① 合同编规定了 19 种典型合同，物权编、人格权编、婚姻家庭编及《专利法》《商标法》等亦规定了一些典型合同。

同、有偿合同与无偿合同、诺成合同与实践合同、要式合同与不要式合同、一时性合同与继续性合同、主合同与从合同、预约与本约、束己合同与涉他合同等（详见表 3-1）。

（二）合同的成立与效力

合同的成立是当事人就合同的主要条款达成合意，合同在达成合意时成立。达成合意的形式可以是书面形式，也可以是口头形式或者其他形式，其中，电子数据交换、电子邮件等数据电文视为书面形式。合同的内容由当事人约定，一般包括下列条款：当事人的姓名或者名称和住所、标的、数量、质量、价款或者报酬、履行期限及地点和方式、违约责任、解决争议的方法等。这些条款并非一定要求全部具备，实际上，只要能够确定当事人名称或姓名、标的和数量，一般可以认定合同成立。[①] 订立合同，当事人可以采取要约、承诺方式或者其他方式。要约是向他人提出明确的订约条件，作出意思表示，希望与他人签订合同。承诺即意味着接受要约，承诺作出，则合意达成，即合同成立。实践中，合同通常在双方当事人签字或者盖章时成立。承诺生效的地点为合同成立的地点。合同成立后具有重要的法律意义，一是约束力的发生，当事人不得任意变更或解除合同。二是债权的发生，在当事人之间发生债权债务关系，若对方没有履行合同或履行不符合约定，则一般可请求对方履行。**例如，"促销活动抽中名车，主办方却反悔"案。某瑜伽会所举办"三八女王节活动"，罗女士抽到一辆林肯轿车，但活动结束时，主办方却告知，本次活动存在漏洞，林肯轿车**

---

① 参见《最高人民法院关于适用〈中华人民共和国合同法〉若干问题的解释（二）》第一条。

是给公司员工的，不能给她，仅给一辆模型作为替代。后法院认定，罗女士抽中奖品时，双方之间的合同成立，主办方应当继续履行合同，交付林肯轿车。

依法成立的合同，从时间角度看，通常自成立时生效，但法律可能对此另有规定或者当事人可能对此另有约定。比如需要办理批准手续的合同、附生效条件或期限的合同，在批准手续完成、所附条件成就或所附期限届至时生效。但是，并非当事人订立的任何合同都具有法律效力。按照《民法典》第一百四十三条的规定，合同这一民事法律行为具有法律效力，需要同时具备下列三个条件："（一）行为人具有相应的民事行为能力；（二）意思表示真实；（三）不违反法律、行政法规的强制性规定，不违背公序良俗。"第一个条件，主要是就限制民事行为能力人和无民事行为能力人而言的，行为人要么具有完全民事行为能力，要么由其法定代理人代理或追认，否则行为无效。第二个条件，是要求当事人的意思表示真实，不存在意思与表示不一致或意思表示不自由的情形。意思与表示不一致的合同，如因《民法典》第一百四十六条规

《民法典》第十九条、第二十二条规定，八周岁以上的未成年人、不能完全辨认自己行为的成年人，为限制民事行为能力人，实施民事法律行为由其法定代理人代理或者经其法定代理人同意、追认。第二十条、第二十一条规定，不满八周岁的未成年人、不能辨认自己行为的成年人（或八周岁以上的未成年人），为无民事行为能力人，由其法定代理人代理实施民事法律行为。他们订立合同的效力，按第一百四十四条、第一百四十五条规定处理。

定的通谋虚伪表示、第一百四十七条规定的重大误解而签订的合同，前者为无效，后者为可撤销。而意思表示不自由的合同，如因《民法典》第一百四十八条规定的欺诈、第一百四十九条规定的第三人欺诈、第一百五十条规定的胁迫、第一百五十一条规定的显失公平而签订的合同，则可撤销。第三个条件，要求订立的合同不能违反法律、行政法规的强制性规定，不能违背公序良俗，否则，按照《民法典》第一百五十三条、第一百五十四条的规定，该合同无效。这是基于维护公共秩序和善良风俗的要求，而对当事人合同自由的必要限制。合同的无效是当然无效，法院应依职权确认其无效而不需要当事人主张，是自始无效，在合同成立时就不发生当事人所欲发生的效力，并且是确定无效，不因时间的经过而补正。

（三）合同的解除与违约责任

《民法典》第五百六十二条第一款规定："当事人协商一致，可以解除合同。"

依法成立的合同，当事人应当按照约定全面履行自己的义务，但是，合同的履行出现障碍后，提前终止合同的权利义务关系即解除合同，亦为法律所允许。对于合同的解除，合同编主要规定了三种，即协商解除、约定解除和法定解除。协商解除也称合意解除，是合同生效后、履行完毕前，当事人通过协商而解除合同。约定解除是当事人在合同条款中约定解除合同的事由，当该事由发生时进行的解除。第三种是法定解除，法律规定的解除事由发生时，由当事人行使解除权而使合同关系归于消灭。它是法律对当事人意思自治的干预，因此，必须严格限制其适用的条件。①

　　合同可以基于上述三种形式中的任何一种而解除，但该解除往往仅是消灭当事人的合同关系，并不意味着无须承担违约责任或无须处理解除的后果。在第五百六十三条第一款规定的五种法定解除情形中，除因第一种情形解除时当事人无须承担违约责任外，对于其他的法定解除情形，违约方通常应当承担包括赔偿损失在内的违约责任。

---

① 法定解除还包括第五百六十三条第二款规定的不定期继续性合同的随时解除、第五百三十三条规定的情势变更解除、第五百八十条第二款规定的非金钱债务违约方申请解除以及典型合同分编规定的解除等。

《民法典》第五百六十二条第二款规定："当事人可以约定一方解除合同的事由。解除合同的事由发生时，解除权人可以解除合同。"

第五百六十三条第一款规定："有下列情形之一的，当事人可以解除合同：（一）因不可抗力致使不能实现合同目的；（二）在履行期限届满前，当事人一方明确表示或者以自己的行为表明不履行主要债务；（三）当事人一方迟延履行主要债务，经催告后在合理期限内仍未履行；（四）当事人一方迟延履行债务或者有其他违约行为致使不能实现合同目的；（五）法律规定的其他情形。"

《民法典》第五百七十七条规定："当事人一方不履行合同义务或者履行合同义务不符合约定的，应当承担继续履行、采取补救措施或者赔偿损失等违约责任。"在协商解除、约定解除的情况下，违约责任或解除后果一般由当事人协商确定或事先约定，若协商未果或约定不明，则由法院根据解除的原因、合同的性质等进行确定。

《民法典》第五百九十条规定："当事人一方因不可抗力不能履行合同的，根据不可抗力的影响，部分或者全部免除责任，但是法律另有规定的除外。"

（四）合同编的主要内容

合同编是《民法典》第三编，具体包括三个分编，即通则、典型合同、准合同。第一分编"通则"部分是对合同订立、生效、履行等作的一般性规定。另外，《民法典》未专门规定债法总则，而是将债法总则的内容，小部分归入到总则编部分，大部分（如关于债的分类、债的履行、债的免除等）纳入合同编通则分编中。因此，**合同编通则分编同时起到了债法总则的作用，这是我国《民法典》的一个特色。**第二分编"典型合同"部分罗列 19 种典型合同。第三分编"准合同"部分包括无因管理和不当得利。

（五）合同编的调整对象

合同编调整平等主体之间的交易关系，在性质上属于私法、财产法、自治法，因此拥有广泛的调整对象。确定调整对象，意味着划定可以由合同编进行调整的事项范围。在该范围之外的事项，应当在合同编之外进行"找法"。对合同编调整范围的认识，需要从以下三个层次来进行。

1. 合同编首先调整合同关系

《民法典》第四百六十三条规定"本编调整因合同产生的民事关系"，该合同是"民事主体之间设立、变更、终止民事法律关系的协议"，属于广义的合同，包括平等民事主体设立、变更、终止民商事法律关系的一切协议。主要包括：（1）合同编所确定的 19 种典型合同。这些合同，法律已经确定了一定名称和规则，包括买卖、赠与、借款、保证、租赁、融资租赁、保理、承揽、建设工程、运输、技术、保管、仓储、委托、物业服务、行纪、中介、合伙以及供用电、水、气、热力合同。（2）《民法典》其他编所规定的典型合同，如第三百三十三条土地承包经营权合同、第三百四十八条建设用地使用权出让合同、第三百六十七条居住权合同、第三百七十三条地役权合同、第四百条抵押合同、第四百二十七条质押合同、第一千零二十一条肖像许可使用合同、第一千零二十三条姓名等的许可使用合同等。（3）其他法律规定的典型合同，如《专利法》《商标法》《著作权法》《保险法》《公司法》等规定的专门合同。（4）非典型合同。对于法律未对其类型加以特别规定，也没有赋予特别名称的合同，为非典型合同。这类合同种类更多、范围更广，因典型性不足而尚未为立法所确立为典型合同，但它们广泛存在并对社会经济生活发挥着重要作用。

《民法典》第四百六十七条规定"本法或者其他法律没有明文规定的合同，适用本编通则的规定，并可以参照适用本编或者其他法律最相类似合同的规定"，也归合同编调整。

2. 合同编补充调整身份协议

身份关系具有非财产性、专属性，涉及社会公益和伦理道德，一般不宜由合同编调整。但在婚姻、收养、监护等有关身份关系的协议中，除了纯粹引起身份关系变动的协议外，还存在着能同时引起财产关系变动的复合型协议。对于该复合型协议，当然应当首先适用有关该身份关系的法律规定，但若有关该身份关系的法律未作规定，则可以根据所涉身份关系协议的性质，参照适用合同编的有关规定。《民法典》第四百六十四条对此有规定。**实践中，可以参照适用的有关身份协议包括：离婚协议、离婚财产分割协议、离婚子女抚养协议、夫妻忠诚协议、财产约定协议、赡养父母协议、成年意定监护协议等**。需要说明的是，在上述协议参照适用合同编时，仍应根据协议的性质而决定部分或全部参照适用或不适用。

根据《民法典》第一百一十八条规定，债权的产生原因包括合同、侵权行为、无因管理、不当得利以及法律的其他规定。

3. 合同编通则后备调整法定之债

这些债的产生原因可以分为两类：一类是基于法律行为，一般是合同，称为意定之债；另一类是基于法律规定，称为法定之债。法定之债包括侵权行为、无因管理、不当得利、缔约过失等。对于法定之债，如何适用法律，有些国家是在《民法典》中设立债法总则，以统领所有债的规范体系，但我国的《民法典》承继传统，采取以合同编通则来实现"准债法总则"功能，故在第四百六十八条规定"非因合同产生的债权债务关系，适用有关该债权债务关系的法律规定；没有规定的，适用本编通则的有关规定，但是根据其性质不能适用的除外"。对该条的理解，分为三个层次：一是先适用有关非合同之债的法律规定，本条为后备条款。二是无专门规定时，直接适用合同编通则的有关规定。此处是"适用"，而非如第四百六十四条规定的"参照适用"，即必须适用，裁判者无裁量适用的余地。三是根据该非合同之债的性质，不能适用合同编通则的，则不能适用本条。

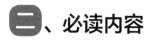

二、必读内容

（一）电子商务合同的专门规则

随着数字经济的发展，合同的形式也由传统纸质走向了电子化，《民法典》结合电子商务合同的自身特点，对其形式、成立规则、交付时间、交付方式等作出规定，为当事人提供明确的行为指引。

1. 通过数据电文签订的电子合同视为书面形式

在合同形式上，《合同法》第十一条将电报、电传、传真与电子数据交换、电子邮件并列，均作为书面形式的一种类型，但电子数据交换、电子邮件等数据电文不同于电报、电传、传真等，据此《民法典》第四百六十九条第二款规定，书面形式是合同书、信件、电报、电传、传真等可以有形地表现所载内容的形式。通过数据电文签订的电子合同不属于书面形式。但是，如果电子合同能够同时满足有形地表现所载内容、可以随时调取查用两项特征，根据《民法典》第四百六十九条第三款的规定可"视为"书面形式。这与《电子签名法》第四条保持一致。

2. 网络购物时提交订单成功则合同成立

电子商务合同在成立时间上也有其特殊性。若电子合同的双方当事人选择另行签订确认书，则签订确认书时合同成立。若双方没有选择另行签订确认书，电子合同何时成立？电子合同的当事人通过互联网作出意思表示，具有即时性和跨地域性的特征，但电子合同本质上仍是当事人意思表示的一致，只不过表示各自意思的载体由传统的媒介变成电子化，故仍可通过判断双方意思表示是否符合要约、承诺的要求，来认定合同的成立。如当事人一方通过互联网等信息网络发布的商品或者服务信息内容具体确定，且表明一经承诺即受约束的意思，则该商品或服务信息符合要约条件。对方选择该商品或者服务是作出承诺，成功提交订单表明承诺已经到达要约人，双方意思表示一致，合同即成立，无需再以传统的签名盖章方式确认。比如，"**网上购物订单被擅自取消案**"。**张女士在某购物网站领取 1000 元优惠券，购买某电器时使用了该优惠券，并用现金补足了差额 800 元，订单提交后显示提交成功。不久，网站提示该电器暂时缺货，直接退还了货款 800 元。后法院认定，订单提交成功时合同成立，商家擅自取消订单构成违约，应继续履行。**

3. 电子合同给付标的的差异决定着交付时间的区别

在合同履行方面，《民法典》第五百一十二条根据给付标的的差异，对电子合同的交付时间进行了区分。（1）针对有形产品（动产），若电子合同的标的为交付商品并采用快递物流方式交付的，收货人的签收时间为交付时间。出卖人的义务包括"送货上门"，收货人签收时认定为货物交付。（2）针对网络服务，若电子合同的标的为提供服务的，生成的电子凭证或者实物凭证中载明的时间为提供服务时间；若电子凭证或实物凭证没有载明时间或者载明时间与实际提供服务时间不一致的，以实际提供服务的时间为准。（3）针对无形产品，若电子合同的标的物是采用在线传输方式交付的，合同标的物进入对方当事人指定的特定系统且能够检索识别的时间，为交付时间。

（二）格式条款存在订立、效力、解释三重规则

格式条款为日常工作、生活中常见，购买保险、下载 App 等均会遇到，它是当事人为了重复使用而预先拟定，并在订立合同时未与对方协商的条款。《民法典》对格式条款规定了订立（第四百九十六条）、效力（第四百九十七条）和解释（第四百九十八条）三重规则。

1. 订立规则：未有效提示或说明的格式条款不成为合同内容

格式条款是合同一方当事人为了重复使用预先拟定，对方当事人在订立合同时往往只能概括接受该条款，故提供格式条

根据《合同法》第三十九条规定，提示或者说明的是免除或者限制其责任的条款。第四百九十六条规定，提示和说明的是免除或者减轻其责任等与对方有重大利害关系的条款。除了免除和减轻责任条款外，其他和对方有重大利害关系的条款也应提示和说明。《最高人民法院关于适用〈中华人民共和国合同法〉若干问题的解释（二）》第九条规定，当事人可以申请撤销格式条款。《民法典》规定，"对方可以主张该条款不成为合同的内容"。

款的一方应尽到必要的提示、说明义务。其一，扩大提示、说明义务的范围。其二，未尽到合理的提示、说明义务的后果发生变化。因缺少有效的提示或说明，双方对相应内容并未形成真实的合意，该条款不能成为合同的内容。

2. 效力规则：三种情形下的格式条款无效

即使经过有效的提示或说明，格式条款成为了合同的内容，但并不意味着该条款一定有效。《民法典》第四百九十七条规定了格式条款无效的三种情形。(1)符合民事法律行为无效一般规定的格式条款无效。一是欠缺"行为人具有相应的民事行为能力""意思表示真实""不违反法律、行政法规的强制性规定，不违背公序良俗"三要件中的任何一个要件，则合同无效。二是"造成对方人身损害"和"因故意或者重大过失造成对方财产损失"的免责条款无效。(2)不合理免除或减轻己方责任，不合理加重对方责任、限制对方主要权利的格式条款无效。该些条款当然是与对方有重大利害关系的条款，在提供方尽到提示或说明义务后，还要从合理性上进行审查。若这些条款是企业合理化经营所必需，或减免的仅是一般过失责任或轻微违约的责任，可认定为是合理的。(3)排除对方主要权利的格式条款无效。"排除"的严重程度重于"限制"，故对"限制"对方主要权利的条款要审查合理性，而对"排除"对方主要权利的条款，一概绝对无效。

3. 解释规则：通常解释、不利解释与非格式条款优先

对格式条款的理解发生争议时，第四百九十八条确定了有先后适用顺序的解释规则。首先是通常解释，就是按一般理性人标准进行解

释。其次是不利解释，存在两种解释的，采用不利于格式条款提供方的解释。最后是非格式条款优先解释，即格式条款和非格式条款不一致的，应当采用非格式条款。**比如，"手机话费的最低消费是否包括游戏费案"。小王办了宽带与手机号码绑定业务，选定手机号码最低消费35元。某月，小王使用手机产生27元游戏费。缴费时，通信运营商告知27元游戏费不包括在最低消费35元内，需额外收取。这种说法没道理，因为通信运营商事先未告知手机号码的最低消费只能是通话费和短信费，不包括其他费用。既然未作这种告知，按通常解释，应认为最低消费包括游戏费。**

（三）经批准生效合同的报批义务条款可独立生效

依法成立的合同自成立时生效，但对于某些领域的合同[①]，法律、行政法规规定应当办理批准手续，在批准手续完成后才生效。根据《民法典》第五百零二条，对需经批准生效的合同可认定如下：

1. 未经批准的合同已成立但未生效

在批准手续完成前，已经具有生效的一般要件，合同已经依法成立。因为批准是合同的法定生效条件，未经批准的合同因欠缺法律规定的特别生效条件而未生效。但它已经具有了形式拘束力，当事人不得任意撤销、变更或解除合同；还不具有实质拘束力，一方当事人还不能直接请求另一方履行合同义务或承担合同约定的违约责任；可以通过办理批准手续促成合同生效，不同于无效合同。

[①]　主要存在于金融商事、国有资产转让、外商投资、探矿权采矿权转让等领域。比如《商业银行法》《证券法》《保险法》等规定，购买商业银行、证券公司、保险公司5%以上股权须经相关主管部门批准。

2. 报批义务及相关违约条款独立生效

实践中遇到的因审批而导致的合同纠纷，多是当事人不去报批，而非行政机关不予批准。一方当事人不去报批，合同未生效，另一方当事人不能要求履行；而这方当事人往往视情况决定是否报批，有利则去报批，不利则不去报批，不诚信的当事人从其不诚信行为中获得了利益。故《民法典》赋予报批义务及相关违约条款独立生效的效力，促使当事人诚信履行报批义务，促成合同生效。

《民法典》第五百零二条规定："未办理批准等手续影响合同生效的，不影响合同中履行报批等义务条款以及相关条款的效力。"

3. 不履行报批义务可能要赔偿履行利益损失

若一方当事人不履行报批义务，另一方当事人可以请求人民法院判令其履行报批义务，也可以请求解除合同并要求对方承担违约责任，该违约责任源于合同中对报批义务人怠于履行报批义务时将承担违约责任的专门约定，有别于主合同约定的违约责任条款。人民法院判决一方履行报批义务后，经强制执行仍未履行，另一方可以再次起诉要求解除合同并向报批义务人主张违约责任，该违约责任的赔偿范围系合同履行利益。其法理基础在于，未生效合同类似于附条件的法律行为，一方拒不履行报批义务等同于为自己的利益不正当地阻止条件成就，视为条件已成就。当然，判决一方履行报批义务后，报批义务人履行报批义务而未能获得行政机关批准的，合同不具有法律上的可履行性，双方均可请求解除合同。至于报批义务人是否应当承担责任，应视其对未能取得批准有无过错等来具体判断，该责任应为缔约过失责任。

（四）不可抗力规则和情势变更规则

2003年"非典"和2020年新冠肺炎疫情等突发的公共疫情对合同履行带来极大的冲击和影响。对此，《民法典》规定的不可抗力规则和情势变更规则可以援用。

1. 不可抗力规则在疫情下的适用

依据《民法典》第一百八十条，不可抗力是指不能预见、不能避免且不能克服的客观情况；《民法典》其他条文针对这一客观情况对合同履行、侵权发生、诉讼进程等所生影响，规定了一系列处置规则，即不可抗力规则。其中，涉及合同履行的规定主要是第五百六十三条和第五百九十条。第五百六十三条涉及合同的解除，即因不可抗力致使不能实现合同目的，当事人可以解除合同；第五百九十条涉及责任的减免，即当事人一方因不可抗力不能履行合同的，根据不可抗力的影响，部分或者全部免除责任。**新冠肺炎疫情被认定为突发公共卫生事件后，为保护人民群众身体健康和生命安全，政府及有关部门采取了相应疫情防控措施。对于因为疫情原因不能履行合同或不能及时行使权利的，新冠肺炎疫情发生宜被认定为属于不能预见、不能避免并**

不能克服的不可抗力。

新冠肺炎疫情可以认定为不可抗力，但并不是每一个合同均可以适用不可抗力规则而解除合同和减免责任。这要区分多个层面来分析。一是第五百六十三条规定的解除，要求必须因不可抗力"不能实现合同目的"。若虽然发生了新冠肺炎疫情，导致合同的履行遇到了障碍，但尚未达到影响合同目的实现的程度，则仍不能据此解除合同。二是第五百九十条规定的责任减免，要求因不可抗力"不能履行合同"。该"不能履行"一般解释为完全不能履行。若合同仍可部分履行，或虽然履行变得艰难或成本高昂，但仍可继续履行，则不能依据不可抗力规则而减免责任。当然，对此可以援用情势变更规则来解决。对于完全不能履行的，要根据不可抗力与合同不能履行之间的因果关系及原因力大小，结合案件情况，按照原因与责任相适应原则，进行责任的部分或者全部免除。三是认定为不可抗力的起算时点也有要求。应当根据新冠肺炎疫情对某一合同履行、合同目的实现或当事人行使权利的实际影响来确定。一般可根据合同履行地或当事人住所地的省级人民政府启动和终止重大突发公共卫生事件响应的时间来确定。**比如"婚宴合同因疫情被取消案"。小李准备与未婚妻在 2020 年春节时举行婚礼，向某酒店预订婚宴 30 桌，并预付 20% 的费用作为定金。某酒店为本次婚宴购置了部分食材、酒水。2020 年 1 月底，新冠疫情暴发，不能举办集体宴席。小李向某酒店提出解除婚宴合同，要求返还定金，遭到酒店拒绝。后法院判决认为，为有效应对疫情，政府发布相关防控措施，大型宴席不能举行，双方婚宴合同不能履行，小李可以要求解除合同，但应当对酒店的前期费用损失作部分补偿。**

发生新冠肺炎疫情导致合同不能履行的，当事人还负有通知和证明的义务。因受疫情影响发生合同履行障碍时，债务人应基于诚实信用原则及时通知债权人，并在合理期限内提交发生不可抗力事实的证明。**比如，对于"封村""封路"等，可提供当地人民政府或村居委员会的证明等加以佐证。**需要说明的是，当事人迟延履行后发生不可抗力的，不免除其违约责任。

《民法典》第五百九十条还规定："因不可抗力不能履行合同的，应当及时通知对方，以减轻可能给对方造成的损失，并应当在合理期限内提供证明。"

2. 情势变更规则在疫情下的适用

需要注意如下四个方面：

一是"情势"的范围。一般认为，情势是指合同成立所依据的客观基础或事实。这种客观情势，是当事人在订立合同时不能预见，并未存在于头脑中或没有被明确地提出，但客观上构成合同缔结基础的那些情势。这种客观事实的范围非常广泛，诸如经济事变（如经济危机导致的币值变动）、军事事变（如战争）、政治事变、政策事变（如法律、政策的调整）、社会事变（如罢工、公共卫生事件）等，但并不限于上述类型。"情势"的内涵相对确定，但其外延保持开放。情势变更之"情势"包含了不能预见、不能避免且不能克服的客观情况，不可抗力可以成为情势变更的一种情形。但是，情势变更规则与不可抗力规则并不存在交叉或冲突，只

《民法典》第五百三十三条规定："合同成立后，合同的基础条件发生了当事人在订立合同时无法预见的、不属于商业风险的重大变化，继续履行合同对于当事人一方明显不公平的，受不利影响的当事人可以请求与对方重新协商；在合理期限内协商不成的，当事人可以请求人民法院或者仲裁机构变更或者解除合同。人民法院或者仲裁机构应当结合案件的实际情况，根据公平原则变更或者解除合同。"

121

有当发生不可抗力，但尚不符合适用不可抗力规则的条件时，才存在适用情势变更规则的可能。

二是"变更"的认定。情势的变更须是"无法预见"的，是"重大变化"，重大到"继续履行合同对于当事人一方明显不公平"程度。认定"无法预见"，应当采取谨慎人标准，所在行业的一般人在通常谨慎程度下不能够预见即可。如果对未来情势变化的风险负担已由法律作出规定，或已由当事人作出约定，应当视为当事人已经预见。认定"重大变化"，要求变化重大到对一方当事人"明显不公平"的程度，即合同虽能继续履行，但履行的难度或成本极高，高到利益显著失衡。这种不公平主要存在于双务合同中，有别于《民法典》第一百五十一条规定的显失公平，主要是债务人的履行成本与其履行收益之间的显著不对等，这种变化应当发生在合同履行完毕前。

三是鼓励当事人进行协商。对于疫情防控期间合同可以履行的，应鼓励当事人双方按照合同约定继续履行；对于合同能够履行而拒绝履行的，应承担违约责任。对于确因疫情影响，合同不能按约履行的，应考虑引导当事人协商变更合同，采取替代履行或者延迟履行等方式履行合同义务。如果替代履行不能或者延迟履行将对一方明显不公平的，可应其主张而解除合同。当事人主张适用情势变更规则，可以直接起诉的方式，也可在对方起诉的案件中提起反诉或提出抗辩。

四是法律后果的层层递进。情势变更的法律后果，就是赋权法院根据公平原则和案件实际情况，确定变更或解除合同。应当遵循如下顺序：首先是变更合同。变更合同就是变更合同的具体条款，包括履行标的、履行期限、合同价款、履行方式等的变更。其次是解除合同。当仅变更合同仍然对受不利影响的当事人一方明显不公平时，或者继续履行合同已不符合合同目的时，应当通过解除合同来消除这种后果。

再次，若当事人仅要求解除合同，法院也可根据实际情况，判决变更合同。需要指出的是，合同解除后，未履行的不再履行，已履行的则返还，受不利影响一方是否因此给对方赔偿或补偿？我们认为，应当根据公平与诚信原则，由受不利影响一方补偿对方就此遭受的直接损失，而不包括履行利益损失。

（五）不定期的继续性合同可以任意解除

以时间因素是否对合同给付的内容及范围发生影响为标准，可以将合同划分为一时性合同与继续性合同。继续性合同的内容不是一次给付可以完成，而是继续性地实现。它以不间断的给付为内容，合同成立之时不存在一个数量上已经确定的总给付内容，当事人之间往往基于信赖关系，有的约定期限，而有的并不约定期限。比如租赁、保管、借用、合伙、合作等。未约定期限，逻辑上是一个时间上不可消解的合同，将过分限制当事人的行为自由。据此，不定期的继续性合同当事人可以随时解除，即任何一方当事人均享有任意解除权。

《民法典》第五百六十三条第二款规定："以持续履行的债务为内容的不定期合同，当事人可以随时解除合同，但是应当在合理期限之前通知对方。"

1. 未免除不定期继续性合同任意解除的赔偿责任

从法律条文本身来看，只要求行使解除权的一方在合理期限之前通知对方，若未在合理期限之前通知对方，自然应当赔偿因此给对方导致的损失，若在合理期限之前通知了对方，是否还要赔偿对方因此遭受的损失？其实，任意解除权系基于继续性合同的特征而赋予当事人的，避免当事人基于信任而签订的继续性合同在信任丧失情形下形成的合同僵局，赋予当事人的仅是解除合同的自由，并非使另一方当事人单独承受损失。另一方当事人因此遭受的损失应当由解除方进行赔偿。这种解约的损失赔偿类似于解约定金的适用。解约定金并不是担保合同的履行，而是削弱合同的约束力，赋权任何一方均可通过对定金的放弃而任意解除合同。任意解除权人通过承担赔偿责任而换取不再受合同拘束的自由。[1]

2. 赔偿范围需要综合多重因素确定

对于损害赔偿的范围，当事人有权选择信赖利益或履行利益。信赖利益是一方当事人由于信赖法律行为的有效性而遭受的损害，一般只包括直接损失，而不包括间接损失。直接损失包括缔约支付的费用、履约支出的费用及这些费用对应的利息。间接损失主要是缔约机会丧失带来的损失。履行利益是一方当事人由于另一方没有履行而遭受的损害，目的是使受害方处于如同债务被正常履行场合下他会面临的状

---

[1] 参见邵宁宁：《合作经营类继续性合同解除后损害赔偿的性质及范围认定》，载茆荣华主编：《〈民法典〉适用与司法实务》，法律出版社2020年版，第390页。当然，也有观点认为，在合理期限之前通知了对方，就无需赔偿对方因此遭受的损失。

态。认定履行利益时，通常需要综合运用可预见规则、减损规则和损益相抵规则，进而考量合同履行时间、剩余时间及以往的经营情况、当事人各自的投入、提前告知的期间、违约金的约定、对方是否存在过错、经营的风险等，作出整体认定。

（六）可以通知或直接起诉的方式解除合同

1. 解除合同需要通知对方

具备合同的解除条件，只是行使合同解除权的前提，合同并不自然或自动解除，若要发生合同解除的法律效果，还需要实施解除合同的行为，即需要通知对方。无论是第五百六十二条第一款规定的双方协商一致而解除合同，还是第五百六十二条第二款规定的约定解除，甚至是第五百六十三条规定的法定解除，都必须通知对方，将解除合同的意思使对方知悉。

> 《民法典》第五百六十五条规定："当事人一方依法主张解除合同的，应当通知对方。"

2. 通知对方有两种方式

一是直接通知对方。法律未规定直接通知的具体方式，当事人可以选择以口头、书面、电子邮件、手机短信或微信等方式之一通知对方，不以书面形式的通知为限。当然，从便于诉讼举证的角度，当事人应以一种以上方式通知，并保留通知的证据。二是间接通知对方。当事人一方未提前通知对方，而是直接以提起诉讼或者申请仲裁的方式依法解除合同。这种方式下，当事人也有解除合同的意思，只不过不是自己直接通知，而是借助法院或仲裁机构的起诉状副本或仲裁申请书副本来通知对方。这两种方式载体不同，但解除合同的意思相同，故均发生解除的效果。过去曾经存在认识上的误区，认为事先未直接通知而径直向法院起诉解除，不发生解除的效力。这是对解除权行使方式的错误认识所致，《民法典》第五百六十五条已纠正了这个误区。

3. 合同于通知送达时解除

解除权是形成权，是单方法律行为，依一方当事人的意思表示即可成立，无须征得对方的同意，故解除合同的意思表示送达时合同解除。在直接通知的情况下，合同自通知到达对方时解除；在间接通知的情况下，合同自起诉状副本或者仲裁申请书副本送达对方时解除。实践中有一种情形，解除权人所发通知中载明，债务人在一定期限内不履行债务则合同自动解除，给予债务人一个警示或催告。若债务人在该期限内履行了债务，则不能认定合同解除；若未履行债务的，则合同自通知载明的期限届满时解除。

4. 不再存在所谓的解除异议期

《最高人民法院关于适用〈中华人民共和国合同法〉若干问题的解释（二）》第二十四条曾规定，当事人对合同法规定的约定解除和法定解除虽有异议，但在约定的异议期限届满后才提出异议并向人民法院起诉的，人民法院不予支持；当事人没有约定异议期间，在解除合同通知到达之日起三个月以后才向人民法院起诉的，人民法院不予支持。该规定在适用中存在偏差，认为不论发出解除通知的一方有无解除权，只要另一方未在异议期限内以起诉方式提出异议，就发生解除合同的效力。这是错误的认识，不符合法律关于合同解除权行使的有关规定，并不存在所谓的解除异议期。第五百六十五条规定的是当事人一方"依法"主张解除合同，即只有享有法定或者约定解除权的当事人才能以通知方式解除合同。不享有解除权的一方向另一方发出解除通知，另一方即便未在异议期限内提起诉讼，也不发生合同解除的效果。

（七）违约方在某些情形下可以向法院申请解除合同

对于合同义务中的金钱债务，当事人可请求对方继续支付，对于合同义务中的非金钱债务，原则上也可请求对方继续履行，但并非所有的非金钱债务均适于强制履行。

《民法典》第五百八十条第一款规定，

> 根据《民法典》规定，当事人一方不履行合同义务或者履行合同义务不符合约定的，应当承担继续履行、采取补救措施或者赔偿损失等违约责任。

如下非金钱债务不能要求强制履行:"(一)法律上或者事实上不能履行;(二)债务的标的不适于强制履行或者履行费用过高;(三)债权人在合理期限内未请求履行。"在上述三种情形下,守约方不能要求继续履行,守约方可能也不愿解除合同,则合同的履行陷入停滞。在此情形下,为平衡双方的利益,避免资源的浪费,需要引入新的机制来打破僵局,第五百八十条第二款引入了违约方申请解除合同的制度[①]。

1. 前提: 非金钱债务不能履行且导致不能实现合同目的

《民法典》第五百八十条第二款的适用有非常明确的条件,"有前款规定的除外情形之一,致使不能实现合同目的的"。条件一是存在非金钱债务不能履行的情形,条件二是因该情形的存在致使不能实现合同目的。这两个条件缺一不可,也因此限定了违约方申请解除合同的范围,与《民法典》第五百三十三条规定的情势变更制度有着根本的区别。具体来说,一是原因不同。情势变更是合同订立后产生的、不能预见的、不属于商业风险的、合同成立所依据的客观基础的重大变化。非金钱债务不能履行的三种情形不要求具备这些条件。二是条件不同。情势变更制度要求继续履行合同对当事人一方明显不公平,言下之意合同仍可继续履行,只是履行变得艰难或成本极高,从而有失公平。即便是非金钱债务不能履行三种情形中的"履行费用过高",也不同于履行艰难。履行艰难的判断标准是债务人的履行支出与履行收益之间的严重不对等,而"履行费用过高"的判断标准是债务人的履行费用与债权人的履行收益的比较。三是法律后果不同。情势变更规则下,受不利影响的一方可以请求解除或变更合同,并不因此承担违

---

① 法条原文是"人民法院或者仲裁机构可以根据当事人的请求终止合同权利义务关系",为行文简便,粗略地称之为"申请解除合同",下同。

约责任。而非金钱债务不能履行时，违约方仅可请求"终止合同权利义务关系"，且不影响违约责任的承担。

2. 后果：仍需承担违约责任

法律之所以赋予违约方上述情形下申请解除合同的权利，根本的原因在于守约方在非金钱债务不能履行的情形下拒不解除合同，使合同陷入僵局，影响到经济运行的效率，构成了解除权的滥用。为惩戒这种对解除权的滥用，赋予对方以申请解除的权利，从而打破合同履行的困境，将违约方从合同的约束中解放出来。但也仅仅是赋予申请解除的权利而已，并无就此免除违约方承担违约责任的内容。违约方仍应就违约行为承担违约责任，只不过该违约责任中不包括第五百七十七条规定的救济措施中的"继续履行"而已。

> 《民法典》第一百三十二条规定："民事主体不得滥用民事权利损害国家利益、社会公共利益或者他人合法权益。"

3. 延展：一般意义上的违约方申请解除

《民法典》第五百八十条第二款规定的是非金钱债务不能履行时的违约方申请解除，有严格的适用限制。其实，实践中存在着更为广泛的"合同僵局"，需要提供一般意义上的、适用于所有合同僵局的治理工具。2019年的《全国法院民商事审判工作会议纪要》第四十八条规定了一般意义上的违约方申请解除，并设定了三个条件。一是违约方起诉解除合同主观上必须是非恶意的，以防止违约方实施机会主义行为而损害守约方的利益。二是违约方继续履行合同对其显失公平。如果继续履行合同可以给守约方带来一定的利益，但该种利益与给违约方造成的损失相比，明显不对等，尤其是违约方可以通过赔偿守约方因合同解除而遭受的损失时。三是守约方拒绝解除合同有违诚实信用原则。守约方不愿意解除合同，通常是以此为由向对方索要高额赔偿，而这与法律规定的诚信、公平原则相悖。当然，上述申请解除，需接受人民法院的严格审查，并且人民法院判决解除合同的，违约方本应当承担的违约责任不因解除合同而减少或者免除。**例如，"办事处被撤销而解除房屋租赁合同案"。C公司在某市租赁一处房屋，设立销售办事处。后公司的经营战略发生变化，决定撤销该办事处，但签订的房屋租赁合同尚有两年才到期。C公司提出协商解除租赁合同未果，而起诉至法院。后法院认为，C公司提前退租并非基于恶意，租赁合同继续履行下去对C公司明显不公平，并且出租人有义务防止损失的扩大，故判决解除双方的租赁合同，并判令C公司承担违约责任。**

（八）致使不能实现合同目的时才能适用定金罚则

1. 定金的类型

根据《民法典》第五百八十六条，定金是债权的担保，担保债务人履行债务。根据相关司法解释和审判实践，定金一般包括如下类型：（1）成约定金。以交付定金作为合同成立的要件，合同自交付定金时成立。当然，《最高人民法院关于适用〈中华人民共和国担保法〉若干问题的解释》第一百一十六条有除外规定，即"给付定金的一方未支付定金，但主合同已经履行或已经履行主要部分的，不影响主合同的成立或者生效"。（2）违约定金。根据《民法典》第五百八十七条规定，以定金担保合同义务的履行，交付定金方不履行债务或者履行债务不符合约定，致使不能实现合同目的的，无权请求返还定金；收受定金方不履行债务或者履行债务不符合约定，致使不能实现合同目的的，应当双倍返还定金。（3）立约定金。为保证正式缔结合同而交付的定金，交付定金方若拒绝立约，则丧失定金；收受定金方若拒绝立约，则双倍返还定金。（4）解约定金。交付定金后，交付方可以丧失定金为代价而解除合同，收受方可以双倍返还定金为代价而解除合同，本质上为双方约定的合同解除条件。《最高人民法院关于适用〈中华人民共和国担保法〉若干问题的解释》第一百一十七条有相应规定。

2. 定金罚则的适用

定金合同是实践性合同，需要双方具有订立定金合同的合意和交付定金的行为，《民法典》第五百八十六条规定"定金合同自实际交付定金时成立"。另外，基于定金本身具有的惩罚性，法律对于定金的数额有限制。若超过主合同标的额 20%，则超过部分一般视作已支付的合同价款。若实际交付的定金不符合约定的金额，收受方拒绝受领的，则定金合同未成立。

就定金罚则的适用，与《担保法》第八十九条相比，《民法典》第五百八十七条增加了适用条件，即无论是定金的给付方或收受方，不履行债务或履行债务不符合约定的，均需要"致使不能实现合同目的的"，才能适用定金罚则。那么，当一方不履行债务时，对方主张继续

《民法典》第五百八十六条第二款："定金的数额由当事人约定；但是，不得超过主合同标的额的百分之二十，超过部分不产生定金的效力。实际交付的定金数额多于或者少于约定数额的，视为变更约定的定金数额。"

履行，则说明合同只是暂时处于履行迟延状态，而合同目的仍然可能实现，则不能适用定金罚则，即不能同时主张定金罚则和合同继续履行。当一方不完全履行债务时，若不影响合同目的的实现，则不适用定金罚则，而不是按比例适用定金罚则。当双方都有违约行为，致使合同目的不能实现时，不能适用定金罚则。

3. 定金与其他"金"的关系

定金不同于押金。一是定金通常在合同订立时或履行前交付，而押金通常在主合同履行时交付。二是定金担保的是主合同的主给付，而押金担保的通常是主合同的从给付。三是定金数额不能超过主合同标的额的20%，而对押金无此要求。四是定金有丧失或双倍返还的定金罚则，而押金无此法律效果。

定金不同于保证金。在租赁、期货交易、土地使用权出让等交易中，通常要求一方交纳保证金，具有某种担保的功能。法律对保证金未作明确规定，故保证金合同属于非典型合同，但不能类推适用定金制度的定金罚则。换言之，这些名目的"金"，只要未约定丧失或双倍返还的定金性质，则不能适用定金罚则。若约定了定金性质，虽然未表示为"定金"名目，仍可适用定金罚则。若表示为"定金"名目，但未约定定金性质，也不能适用定金罚则。

定金不同于违约金、赔偿金。依据《民法典》第五百八十八条规定，当事人既约定违约金，又约定定金的，一方违约时，对方可以选择适用违约金或者定金条款。但是，若选择定金条款而定金不足以弥补遭受的损失的，守约方可以请求赔偿超过定金数额的损失。若选择违约金条款而违约金不足以弥补损失的，守约方亦可请求人民法院或者仲裁机构予以增加。

> 《最高人民法院关于适用〈中华人民共和国担保法〉若干问题的解释》第一百一十八条规定："当事人交付留置金、担保金、保证金、订约金、押金或者订金等，但没有约定定金性质的，当事人主张定金权利的，人民法院不予支持。"

（九）迟延受领也要承担法律责任

债务人应当按照约定履行债务，但有的时候履行并非债务人单方所能完成，需要债权人接受履行或给予必要的协助，存在债权人迟延受领的法律问题。①

---

① 参见彭浩：《受领迟延制度的理解与司法适用》，载茆荣华主编：《〈民法典〉适用与司法实务》，法律出版社 2020 年版，第 447 页以下。

1. 法律规定、合同约定或交易习惯可以将受领确立为合同义务

要求债务人履行是债权人的权利，相应的，在对方履行时接受对方的履行也应当是债权人的权利，故受领是债权人的权利，而非其义务。但依据《民法典》第五百八十九条的规定，债权人未适当受领的，要依法承担相应的不利法律后果，故又不同于单纯的权利，宜将受领原则上定性为债权人的不真正义务。这种不真正的义务，只是为债权人设定了某种行为要求，但如果债权人未按照该要求而行为，债务人一般不能要求债权人强制履行，也就是说不存在相对应的权利人。从《民法典》第五百八十九条的规定来看，违反受领这一不真正义务，并不发生第五百七十七条规定的债务违约时的一般违约责任，即继续履行、采取补救措施或者赔偿损失等。若债权人受领迟延，债务人一般也不能据此解除合同，除非因此影响了合同目的的实现或双方另有约定。

但是，法律规定、合同约定或交易习惯可以将受领确立为债权人的合同义务。（1）法律规定受领义务。如《民法典》第七百八十条规定的承揽合同、第七百九十九条规定的建设工程合同、第八百三十条规定的货运合同、第八百九十九条规定的保管合同、第九百五十七条规定的行纪合同等，将受领明确为债权人的义务，若其拒绝受领，对方可要求强制受领并主张违约责任。（2）合同约定受领义务。合同明确约定债权人及时受领的，或者按照合同的性质或目的，应当将受领解释为合同义务的，债权人不得拒绝受领。（3）交易习惯隐含受领义务。在批量买卖、跨境买卖合同关系中，买受人通常负有及时领取标的物的义务。

2. 迟延受领有三个构成要件

按《民法典》第五百八十九条规定，迟延受领的条件是"债务人按照约定履行债务，债权人无正当理由拒绝受领"。拆分来看，该条件包括三个部分：一是债务履行需要债权人受领或提供必要协助。这是显而易见的前提条件。二是债务人按照约定履行债务。此处的履行要求是"按照约定"，是实际履行。当然，某些情况下提出履行的请求或做好履行债务的准备，亦可视为按照约定履行债务。三是债权人无正当理由拒绝受领。该条件宜作扩大解释，包括拒绝受领或给予协助、拒绝履行对待给付义务、因自身原因不能受领等。但若存在遭遇不可抗力、债务履行不符合约定、合同被撤销、解除或确认无效等情形，则可认定有正当理由。

3. 迟延受领的法律后果

《民法典》第五百八十九条规定的迟延受领的后果为"债务人可以请求债权人赔偿增加的费用""在债权人受领迟延期间，债务人无须支付利息"。结合其他法律和学理，可以认为迟延受领的法律后果包括：债务人可以将标的物提存、某些情形下可以要求强制受领、赔偿增加的费用、停止支付利息、持有和保管标的物的注意义务减轻、给付不能的风险转移至债权人等。**比如，"二手房买卖中买方拒绝过户案"。D 名下有住宅两套，准备其中的小套出卖后在郊区另行购置。后将小套转让给 E，付款、交房等手续完成后，E 迟迟不要求办理过户手续。按当地的限购政策，D 名下仍有两套房屋，不能再行购房。后 D 起诉，法院判决 E 协助办理过户手续并承担违约责任。**

（十）买卖合同

买卖合同是最为重要的典型合同，是双务、有偿、诺成、不要式合同，在市场交易中有着最为广泛的运用，是其他有偿合同和互易合同的适用参照，故《民法典》合同编在第九章，共计使用53个条文，对其作出规定。择要介绍如下：

1. 定义与内容

买卖合同是出卖人转移标的物的所有权于买受人，买受人支付价款的合同。合同的内容一般包括标的物的名称、数量、质量、价款、履行期限、履行地点和方式、包装方式、检验标准和方法、结算方式、合同使用的文字及其效力等条款，这些条款由当事人根据需要自主决定是否约定及如何约定，但其中的当事人名称或姓名、标的和数量三个内容必不可少，否则将影响合同的成立。那么，出卖他人之物或者"一物数卖"的合同是否具有法律效力？根据《民法典》的规定，合同虽然有效，但因无处分权，可能导致标的物所有权不能转移。这种情况下，买受人不能要求继续履行合同而交付标的物，但可以选

《民法典》第六百四十六条规定："法律对其他有偿合同有规定的，依照其规定；没有规定的，参照适用买卖合同的有关规定。"第六百四十七条规定："当事人约定易货交易，转移标的物的所有权的，参照适用买卖合同的有关规定。"

《民法典》第五百九十七条规定，"因出卖人未取得处分权致使标的物所有权不能转移的，买受人可以解除合同并请求出卖人承担违约责任"，出卖人未取得标的物的处分权，并不影响合同的效力。

择解除合同并要求出卖人承担违约责任。出卖人应当向买受人交付标的物或者交付提取标的物的单证，应当按照约定的时间、地点、质量交付标的物。

2. 毁损、灭失风险的转移

依据《民法典》物权编第二百零八条规定，买卖合同标的物是不动产的，所有权在登记完成时转移，标的物是动产的，所有权在交付时转移，除非当事人有除外约定。与此不完全对应，标的物的毁损、灭失风险也有转移的时点。依据第六百零四条规定，在标的物交付之前由出卖人承担，交付之后由买受人承担。当然，如果因买受人的原因致使标的物未按照约定的期限交付的，买受人应当自违反约定时起承担标的物毁损、灭失的风险。如果出卖人出卖交由承运人运输的在途标的物，除当事人另有约定外，毁损、灭失的风险自合同成立时起由买受人承担。出卖人按照约定将标的物运送至买受人指定地点并交付给承运人后，标的物毁损、灭失的风险由买受人承担。对交付地点未约定或约定不明确，出卖人将标的物交付给第一承运人后，标的物毁损、灭失的风险由买受人承担。

3. 分批交货与分期付款合同

分批交货合同中，当事人通常需要在一定时间跨度内分批次向买受人交付特定数量的标的物，买受人需要按时接收。但出卖人对某一批标的物可能未交付或交付不符合约定，对此要区分为三种情况来确定合同是继续履行还是可以解除。其一，出卖人对其中一批标的物不交付或者交付不符合约定，致使该批标的物不能实现合同目的的，买受人可以就该批标的物解除。其二，出卖人不交付其中一批标的物或者交付不符合约定，致使之后其他各批标的物的交付不能实现合同目的的，买受人可以就该批以及之后其他各批标的物解除。其三，买受人如果就其中一批标的物解除，该批标的物与其他各批标的物相互依存的，可以就已经交付和未交付的各批标的物解除。上述区分的关键在于该批标的物与其他各批标的物的相互依存关系及依存的程度。

分期付款买卖是买受人将应付的总价款在一定期限内至少分三次向出卖人支付的买卖，广泛存在于房产、汽车等较大金额交易领域。出卖人在合同成立或仅收到部分价款时就要交付标的物，本质上在于信用融资，是买受人向出卖人融资，故需要平衡出卖人与买受人的利益，保护出卖人。《民法典》第六百三十四条规定，在符合以下四个条件的情形下，出卖人可以要求买受人支付全部价款或解除合同。（1）买受人支付迟延；（2）迟延支付的金额达到全部价款的1/5；（3）出卖人向买受人进行了催告；（4）买受人在合理期限内仍未支付。上述四个条件应是出卖人要求支付全部价款或解除合同的最低要求，双方的约定可以等于或高于该标准，但不得低于该标准。当然，若出卖人解除合同，要求返还标的物的同时，其可以向买受人请求支付该标的物的使用费。

4. 试用买卖合同

试用买卖也称试验买卖，是双方当事人约定，在合同成立时交付标的物给买受人试用，买受人在约定期限内对标的物认可的，则买卖合同生效。试用买卖是一种附生效条件的买卖，买受人在一定期限内认可标的物，合同生效；未认可的，合同不生效。（1）试用期限的确定。试用期限由当事人约定。若没有约定，可以按照《民法典》第五百一十条进行补充协商，协商未成的，按照合同有关条款或交易习惯确定。若仍不能确定，则由出卖人自主确定。（2）买受人认可的确定。买受人在试用期内可以购买标的物，根据试用合同的本意，也可以拒绝购买，这需要作出明确的意思表示。但若试用期限届满了，买受人对是否购买标的物仍未作表示，此时法律推定视为买受人同意购买。有的时候买受人未明确购买，但在试用期内已经支付部分价款，或者对标的物实施出卖、出租、设立担保物权等行为，此时也推定视为同意购买。（3）使用费与风险的确定。若买受人在试用期内明示不同意购买，则试用合同未生效，应清理试用关系，买受人应当返还标的物。那么，应否支付试用期间的使用费？《民法典》第六百三十九条规定，当事人对标的物使用费没有约定或者约定不明确的，出卖人无权请求买受人支付。并且，假若标的物在试用期内毁损、灭失，相应的风险也由出卖人承担。

5. 所有权保留买卖合同

所有权保留买卖，是买受人先占有、使用标的物，但标的物所有权在双方约定的特定条件成就之前仍归出卖人，在条件成就后再转移于买受人的合同。这类合同对促进交易、分配交易风险具有重要作用，但涉及三方当事人的利益，需要平衡保护。（1）所有权的登记对抗。所有权保留买卖合同是《民法典》第三百八十八条规定的"其他具有担保功能的合同"，出卖人保留所有权，第三人无从得知，为维护交易安全，第六百四十一条规定"出卖人对标的物保留的所有权，未经登记，不得对抗善意第三人"。（2）取回与回赎。出卖人取回标的物后，

《民法典》第六百四十二条规定,"在标的物所有权转移前,买受人有下列情形之一,造成出卖人损害的……出卖人有权取回标的物:(一)未按照约定支付价款,经催告后在合理期限内仍未支付;(二)未按照约定完成特定条件;(三)将标的物出卖、出质或者作出其他不当处分"。

买受人在双方约定或者出卖人指定的合理回赎期限内,消除出卖人取回标的物的事由的,可以请求回赎标的物。(3)未回赎的后果。买受人未回赎标的物,出卖人可将标的物出卖,出卖所得价款扣除买受人未支付的价款以及必要费用后仍有剩余的,应当返还买受人;不足部分由买受人清偿。换言之,所有权保留类似于抵押担保,出卖人可以对标的物进行出卖,按照"多退少补"的标准,使用出卖所得价款清偿后,有剩余的退还买受人,不足部分买受人仍要补足。

(十一)保证合同

1. 保证合同的基本规定

《民法典》第六百八十一条规定:"保证合同是为保障债权的实现,保证人和债权人约定,当债务人不履行到期债务或者发生当事人约定的情形时,保证人履行债务或者承担责任的合同。"

在性质上,保证合同是主债权债务合同的从合同,主债权债务合同无效的,保证合同无效。保证合同从属于主合同,当事人不得约定排除,除非法律作出专门规定。实践中,并非任何法人、非法人组织均可作为保证人。但企业法人的分支机构及职能部门,若得到法人有权机关的授权或追认,其担保承诺一般应具有法律效力。民办学校、民办医院等可否作为保证人，若其登记的是非营利性法人，实际运营中收取的相关费用仅作为维持运行费用，而不将利润分配给出资人，则可认定为"以公益为目的非营业性法人、非法人组织"，其所作的保证无效。

保证合同的内容一般包括被保证的主债权的种类、数额，债务人履行债务的期限，保证的方式、范围和期间等条款。保证合同可以是单独订立的书面合同，也可以是主债权债务合同中的保证条款，也可以是第三人单方向债权人作出的书面保证。保证担保的债务有其范围限制，一般包括主债权及其利息、违约金、损害赔偿金和实现债权的费用，除非当事人另有约定。

《民法典》第六百八十三条规定："机关法人不得为保证人……以公益为目的的非营利法人、非法人组织不得为保证人。"一般的企业对外提供担保，其效力与法律后果还需依据《公司法》等单行商事法律、行政法规的规定进行处理。

根据《民法典》第六百九十二条规定，保证的期间为除斥期间，不发生中止、中断和延长。若没有约定或者约定不明确，保证期间为主债务履行期限届满之日起六个月。

2. 一般保证的规则

一般保证就是债务人不能履行债务时，由保证人承担保证责任的保证。一般保证的保证人享有先诉抗辩权，即在主合同纠纷未经审判或者仲裁，并就债务人财产依法强制执行仍不能履行债务前，有权拒绝向债权人承担保证责任。通俗地讲，就是债权人必须先找债务人，只有债务人被强制执行后仍未能履行债务时，才能找

《民法典》第六百八十六条规定："当事人在保证合同中对保证方式没有约定或者约定不明确的，按照一般保证承担保证责任。"这改变了《担保法》第十九条对保证方式约定不明时推定为连带责任保证的规定，更为注重债权人利益与保证人利益的平衡。

保证人。但是，依《民法典》规定，先诉抗辩权存在例外情况，如果"（一）债务人下落不明，且无财产可供执行；（二）人民法院已经受理债务人破产案件；（三）债权人有证据证明债务人的财产不足以履行全部债务或者丧失履行债务能力；（四）保证人书面表示放弃本款规定的权利"，则不得行使。

对于一般保证，债权人未在保证期间对债务人提起诉讼或者申请仲裁的，保证人不再承担保证责任。如果债权人在保证期间届满前对债务人提起诉讼或者申请仲裁的，从保证人拒绝承担保证责任的权利消灭之日起，开始计算保证债务的诉讼时效。

3. 连带保证的规则

当事人在保证合同中约定保证人对债务承担连带责任的，为连带责任保证。连带保证人承担保证责任的规则有所不同，当债务人不履行到期债务或者发生当事人约定的情形时，债权人可以请求债务人履行债务，也可以直接请求连带保证人在其保证范围内承担保证责任。换言之，债权人可以抛开债务人，直接找连带保证人偿还债务。

对连带责任保证，若债权人未在保证期间请求保证人承担保证责任，保证人不再承担保证责任。若债权人在保证期间届满前请求保证人承担保证责任，从债权人请求保证人承担保证责任之日起，开始计算保证债务的诉讼时效。

4. 保证人的权益保护

一般认为，保证合同是单务合同，但保证人可以要求债务人提供反担保。若同一债务存在多个保证人，保证人应当按照保证合同约定的保证份额，承担保证责任；没有约定保证份额的，债权人可以请求任何一个保证人在其保证范围内承担保证责任。各保证人与债权人之间的保证合同是一般保证，各保证合同之间相互独立。保证人可以主张债务人对债权人的抗辩。债务人放弃抗辩的，保证人仍有权向债权人主张抗辩。

但是，该追偿不得损害债权人的利益，即不能损害债权人就其未主张的债权向债务人或其他保证人索赔的权利。按照通常解释，除非当事人之间另有约定，否则已承担保证责任的保证人不能向其他保证人追偿，只能向债务人追偿。

> 《民法典》第七百条规定，"保证人承担保证责任后……有权在其承担保证责任的范围内向债务人追偿，享有债权人对债务人的权利"，即取得了原债权人的法律地位，可向债务人行使原债权项下的主债权与从权利。

（十二）融资租赁合同

《合同法》第二百三十七条至第二百五十条规定了融资租赁合同，2014年最高人民法院出台《关于审理融资租赁合同纠纷案件适用法律问题的解释》。《民法典》对上述内容作了吸纳和修正。

1. 融资租赁合同的基本规定

它是买卖、租赁及借贷等合同关系的交叉融合，兼具融资和融物功能，涉及三

《民法典》第七百三十五条规定："融资租赁合同是出租人根据承租人对出卖人、租赁物的选择，向出卖人购买租赁物，提供给承租人使用，承租人支付租金的合同。"

根据《民法典》第七百三十九条规定："出租人根据承租人对出卖人、租赁物的选择订立的买卖合同，出卖人应当按照约定向承租人交付标的物，承租人享有与受领标的物有关的买受人的权利。"

方当事人，主要是出租人和承租人。市场上，融资租赁公司主要有两类，一类是金融租赁公司，由中国银行保险监督管理委员会许可设立，为特许经营，若不具备融资租赁经营资质，则签署的融资租赁合同无效。另一类是非金融机构融资租赁公司，包括内资试点融资租赁公司和外资融资租赁公司，目前作为一般工商企业，不属于特别行政许可，签订的融资租赁合同不应因不具有融资租赁经营资质而无效。融资租赁合同应当采用书面形式，内容一般包括租赁物的名称、数量、规格、技术性能、检验方法，租赁期限，租金构成及其支付期限和方式、币种，租赁期限届满租赁物的归属等条款。但通常认为，租赁物的名称及数量、融资金额、租金支付期限和方式等三项内容，因存在特别限制性规定而是融资租赁合同的必备条款。因此，以虚构租赁物方式订立的融资租赁合同应当无效。

2. 各方的主要权利义务

当出卖人违反向承租人交付标的物的义务，比如标的物严重不符合约定，或者未按照约定交付标的物，经承租人或者出租人催告后在合理期限内仍未交付的，承租人作为准买受人，可以拒绝受领出卖人向其交付的标的物。并且，承租人可以按照合同的约定，向出卖人行使索赔的权利。承租人对出卖人行使索赔权利，是基于承租人与出卖人之间的关系，不影响承租人与出租人之间的租赁关系，承租人不得以此拒付租金。当然，若承租人依赖出租人的技能确定租赁物或者出租人干预了选择租赁物，承租人可以请求减免相应租金。

　　根据《民法典》第七百四十三条规定，出租人的违约责任区分为两类。一是补充责任。出租人明知租赁物有质量瑕疵而不告知承租人，或者在承租人行使索赔权利时未及时提供必要协助，进而致使承租人对出卖人行使索赔权利失败的，出租人应当承担相应的责任。因是在承租人索赔失败之后发生的责任，故为补充责任。二是直接责任。出租人怠于行使买卖合同或者融资租赁合同约定的、只能由其对出卖人行使的索赔权利，造成承租人损失的，承租人有权请求出租人赔偿实际产生的损失。另外，买卖合同是出租人根据承租人对出卖人、租赁物的选择而订立的，且由承租人享有与受领标的物有关的买受人的权利，故与承租人有关的合同内容变更并非出租人能够决定，若要变更，需经承租人同意。出租人的目的在于收取租金，除当事人另有约定外，租金应当根据购买租赁物的大部分或者全部成本以及出租人的合理利润确定，故一般允许高于同期银行贷款本息。除存在出租人实质性影响承租人选择租赁物的情形外，出租人一般不承担租赁物的瑕疵担保责任。出租人应当保证承租人对租赁物的占有和使用。承租人占有租赁物期间，租赁物造成第三人人身损害或者财产损失的，出租人不承担责任。

　　融资租赁合同中，租赁物的所有与占有分享，为平衡保护出租人

《民法典》第七百四十五条规定："出租人对租赁物享有的所有权，未经登记，不得对抗善意第三人。"

和善意第三人的利益，《民法典》增设登记对抗制度，也使得融资租赁合同具有一定的担保功能。

3. 各方承担的违约责任

承租人应当妥善保管、使用租赁物，履行占有租赁物期间的维修义务。未经出租人同意，不得将租赁物转让、抵押、质押、投资入股或者以其他方式处分，否则出租人可以解除融资租赁合同。《民法典》规定，"（一）出租人与出卖人订立的买卖合同解除、被确认无效或者被撤销，且未能重新订立买卖合同；（二）租赁物因不可归责于当事人的原因毁损、灭失，且不能修复或者确定替代物；（三）因出卖人的原因致使融资租赁合同的目的不能实现"的情形，出租人或者承租人可以解除融资租赁合同。根据《民法典》第七百五十七条，租赁期满后租赁物归谁所有，有约定的依约定；没有约定或约定不明的，可由当事人协议补充，或按照合同相关条款、交易习惯确定；通过上述方式若仍无法确定的，则租赁物所有权归出租人。当然，如果当事人约定租赁期限届满，承租人仅需向出租人支付象征性价款的，可以视为约定的租金义务履行完毕后租赁物的所有权归承租人。

（十三）保理合同

保理合同是早已存在的金融实践，但在立法上，是《民法典》首次作出规定。

1. 保理合同的基本规定

理解的要点有三：一是合同主体涉及应收账款债权人、保理人两方当事人，应收账款债务人不是合同当事人，合同效力不受应收账款债务人意志的影响；二是作为转让标的的应收账款，不仅包含现有的金钱债权，具有稳定的、可预期性特点的"将有"而非"未来"的金钱债权亦可作为转让标的；三是作为保理人合同义务的服务内容不限于资金融通、应收账款管理或者催收、应收账款债务人付款担保，"等"字容下了保理服务内容的创新空间。保理合同应当采用书面形式，一般包括业务类型、服务范围、服务期限、基础交易合同情况、应收账款信息、转让价款、服务报酬及其支付方式等条款。

保理包括有追索权保理和无追索权保

> 《民法典》第七百六十一条规定："保理合同是应收账款债权人将现有的或者将有的应收账款转让给保理人，保理人提供资金融通、应收账款管理或者催收、应收账款债务人付款担保等服务的合同。"

理两种。有追索权保理，是保理人可以向应收账款债权人主张返还保理融资款本息或者回购应收账款债权，也可以向应收账款债务人主张应收账款债权。主张后者的，在扣除保理融资款本息和相关费用后，剩余部分应当返还给应收账款债权人。无追索权保理，又称买断型保理，是保理人应当向应收账款债务人主张应收账款债权，保理人取得超过保理融资款本息和相关费用的部分，无须向应收账款债权人返还。

2. 保理合同的履行及后果

作为保理合同标的的"应收账款"应当真实存在，禁止虚构应收账款。应收账款转让给保理人后，一般应由作为基础交易合同相对方的债权人向应收账款债务人发出通知，在债务人收到该通知后，应收账款转让即对债务人具有法律约束力。为了保护保理人权利，应收账款债务人接到应收账款转让通知后，应收账款债权人和债务人无正当理由协商变更或者终止基础交易合同，对保理人产生不利影响的，该变更或终止基础交易合同对保理人不发生效力。

《民法典》第七百六十三条规定："应收账款债权人与债务人虚构应收账款作为转让标的，与保理人订立保理合同的，应收账款债务人不得以应收账款不存在为由对抗保理人，但是保理人明知虚构的除外。"为避免债权人怠于履行通知义务而影响保理合同的全面履行。《民法典》第七百六十四条规定，保理人在具备了表明其保理人身份，并附有必要凭证等条件时，由其本人向应收账款债务人发出的通知，也具有债权人通知的同样法律效力。

3. 多重保理的效力与顺位

依据《民法典》第七百六十八条规定，债权人就同一应收账款订立多个保理合同，情形与"一物多卖"类似，是债权人对自己的应收账款所作的有权处分，该些合同均属有效。在多重保理下多个保理人主张权利的，采取登记优先主义，即已登记的先于未登记的受偿；均已登记的，按照登记的先后顺序受偿；均未登记的，由最先到达应收账款债务人的转让通知中载明的保理人受偿；既未登记也未通知的，按照应收账款比例清偿。另外，丧失应收账款权利的保理人，可依法追究应收账款债权人的违约责任。

（十四）物业服务合同

物业服务合同是《民法典》新设，是对《物业管理条例》和《最高人民法院关于审理物业服务纠纷案件具体应用法律若干问题的解释》等的总结和吸取。

1. 选聘与解聘物业服务人

物业服务合同是物业服务人为业主提供建筑物及其附属设施的维修养护、环境卫生和相关秩序的管理维护等物业服务，业主支付物业费的合同。它应当采用书面形式，一般包括服务事项、服务质量、服务费用的标准和收取办法、维修资金的使用、服务用房的管理和使用、服务期限、服务交接等条款。若物业服务人公开作出有利于业主的服务承诺，该承诺可以作为物业服务合同的组成部分。物业服务合同并非由每个业主直接订立，但可约束每个业主。

单个业主也不能直接解除物业服务合同，最低经专有面积和人数

《民法典》第九百三十九条规定，建设单位依法与物业服务人订立的前期物业服务合同，以及业主委员会与业主大会依法选聘的物业服务人订立的物业服务合同，对业主具有法律约束力。物业服务人可以将部分物业服务事项进行专项转包，但不能全部转包或支解后转包。

根据《民法典》第二百七十八条规定，经专有部分面积占比三分之二以上的业主且人数占比三分之二以上的业主参与表决，再经参与表决专有部分面积过半数的业主且参与表决人数过半数的业主同意，即可解聘物业服务企业。

《民法典》第九百四十三条规定："物业服务人应当定期将服务的事项、负责人员、质量要求、收费项目、收费标准、履行情况，以及维修资金使用情况、业主共有部分的经营与收益情况等以合理方式向业主公开并向业主大会、业主委员会报告。"

各占三分之二的业主同意，即可选聘或解聘。但实践中，达到这个标准并不容易。若物业服务期限届满后，业主没有依法作出续聘或者另聘物业服务人的决定，物业服务人继续提供物业服务的，原物业服务合同继续有效，但是服务期限为不定期。若物业服务人未继续提供物业服务，物业服务合同终止，在业主或者业主大会选聘的新物业服务人或者决定自行管理的业主接管之前，原物业服务人应当继续处理物业服务事项，并可以请求业主支付该期间的物业费。

2. 业主的知情权、收益权及受限制的抗辩权

业主交纳物业费，物业服务人提供物业服务，但单个业主通常起不到有效的监督作用。《民法典》课以物业服务人强制公开、强制报告义务，保障业主的知情权。另依《民法典》第二百八十五条规定，物业服务人还要接受业主的监督，及时答复业主对物业服务情况提出的询问。

业主对建筑物专有部分以外的共有部分，共同享有所有权，该共有部分产生的收益当然亦归业主共有。比如利用

小区空地用做停车场产生的收入，利用建筑物外墙面、电梯等产生的收入，应当属于业主共有。有的物业服务人截留该部分收益，用于充抵部分业主欠缴的物业费等费用，侵害了业主权利，故《民法典》第二百八十二条规定，该部分收入，在扣除合理成本之后，属于业主共有，物业服务人应当将相关情况公开并分配。

支付物业费是业主的义务，物业服务人已经按照约定和有关规定提供服务后，业主不得以未接受或者无需接受相关物业服务为由拒绝支付物业费，业主拒付物业费的抗辩权受到限制，这是因为物业服务具有一定的公共性。若物业服务人提供的服务有瑕疵，业主可否要求减免物业费？这要交由法官在个案中结合案件情况、合同约定等进行酌定。

3. 物业服务企业的管理职责

物业服务企业的管理职责包括约定的和法定的。若有人妨害了物业服务人履行上述职责，即对物业服务区域内违反有关治安、环保、消防等法律法规的行为，物业服务人应当及时采取合理措施

依《物业管理条例》第七十七条，物业服务企业不得以部分业主拖欠物业费为由减少服务内容或降低服务质量。依《民法典》第九百四十四条第三款，物业服务人不得采取停止供电、供水、供热、供燃气等方式催交物业费。

就约定的管理职责，依据《民法典》第九百四十二条规定："物业服务人应当按照约定和物业的使用性质，妥善维修、养护、清洁、绿化和经营管理物业服务区域内的业主共有部分，维护物业服务区域内的基本秩序，采取合理措施保护业主的人身、财产安全。"

制止、向有关行政主管部门报告并协助处理。就法定的管理职责，依据第二百八十五条和第二百八十六条，对政府依法实施的应急处置措施和其他管理措施，物业服务企业应当执行，业主应当依法予以配合。物业服务人被赋予一定限度的社区治理职责，在2020年初新冠肺炎疫情防控中发挥了重要的作用。

（十五）合伙合同

《民法典》总则编第一百零二条确立合伙企业的独立民事主体地位，合同编"合伙合同"章调整民事合伙关系，《合伙企业法》作为特别法调整商事合伙关系，构成合伙法律制度的分别调整模式。

1. 合伙的一般规定

商事合伙是组织型合伙，经申请登记设立，发给营业执照，主要按照《合伙企业法》的规定运作。"合伙合同"章规定的合伙是契约型合伙，只要签订合伙合同即可成立。第九百六十七条规定，合伙合同是两个以上合伙人为了共同的事业目的，订立的共享利益、共担风险的协议。该合同有五个特征：一是合同主体须为二人以上。该"人"包括自然人、法人、非法人组织，该些"人"可以互相结合，也可以单独结合。二是合伙合同原则上为书面形式。对于实践中大量的临时性、暂时性的不具有民事主体地位的合伙，只要能够证明有合伙的意思，亦可。三是合同目的由合伙人自行决定。四是合同内容包括出资、利润分配、亏损分担等重要事项。五是合伙合同不是双务合同，是共同行为，因为合伙人通过合作的方式指向共同的目的，并非站在对立的角度进行等价交换。

合伙人应当按照约定的方式、数额和期限缴付出资。出资的方式可以灵活多样，资金、实物、用益物权、债务、知识产权甚至劳务等均可。出资、收益和取得其他财产属于合伙财产，由合伙人共有，合伙合同终止前，不得请求分割合伙财产。

2. 合伙权利的享有与义务的承担

基于合伙的性质和合伙的目的，合伙事务应由合伙人共同决定。共同决定之后，由全体合伙人共同执行。当然，按照合伙合同的约定或者全体合伙人的决定，可以委托一个或者数个合伙人执行合伙事务。在委托执行的情况下，其他合伙人不再执行合伙事务，但有监督权和异议权。执行合伙事务的合伙人不得因此请求支付报酬，除非合伙合同另有约定。对于合伙经营的利润分配和亏损分担，按照如下顺序规定：一是按照合同约定或合伙人协商确定的比例分配、分担。二是若无约定或协商不成，按照实缴出资比例分配、分担。三若无法确定出资比例，由合伙人平均分配、分担。依《民法典》第九百七十八条规定，合伙终止后的合伙财产的分配亦参照该规则。上述亏损分担是在合伙人内部而言，就对外欠付的合伙债务，各合伙人承担连带责任。清偿合伙债务超过自己应当承担份额的合伙人，有权向其他合伙人追偿。当然，上述合伙人对外的连带责任，应为补充性的连带责任，即就合伙债务，债权人应先要求以合伙财产清偿，在合伙财产不足清偿时，各合伙人再就不足部分连带清偿。

3. 合伙财产份额转让与合伙终止

合伙人可以转让享有的合伙财产份额，通俗地讲，就是原合伙人"退伙"，新合伙人"入伙"。这是因为合伙具有较强的人合性，合伙人基于高度信任而成立合伙，经其他合伙人一致同意转让，更能维持原依《民法典》第九百七十四条规定，转让合伙财产份额的对象是合伙人以外的第三人，若合伙合同没有约定，须经其他合伙人一致同意。

合伙合同。若仅是原合伙人"退伙"，无新的人员"入伙"，也应经其他合伙人一致同意。同理，合伙人的债权人除合伙人的利益分配请求权外，不得代位行使合伙人的合伙财产份额。关于"散伙"，分两种情形。一是合伙人可以随时解除不定期合伙合同，但要在合理期限之前通知。二是合伙人死亡、丧失民事行为能力或者终止的，合伙合同终止，除非合伙合同另有约定或者根据合伙事务的性质不宜终止。

（十六）无因管理

无因管理是一项古老的鼓励互助制度，时至今日，仍然在社会生活中发挥着重要作用，《民法典》合同编第二十八章用六个条文作了规定。

1. 无因管理的构成要件

无因管理是管理人没有法定的或者约定的义务，主观上为避免他人利益受损失，客观上实施了管理他人事务的行为。（1）无法律上的义务。管理人是否有法定或约定义务，应根据客观情况确定。即便客观上无义务，但误以为有义务而为管理，仍成立无因管理。（2）有为他人管理的意思。从动机上，管理人须有避免他人利益受损而为管理的主观动机；从结果上，管理行为所取得的利益为受益人所有，而非管理人自己享有。若为自己利益的同时，亦有维护他人利益的意思，亦可成立无因管理。将他人的事务误以为自己事务而为管理，不成立无因管理。（3）管理了他人事务。事务须为合法的、具有法律意义的私人事务。管理应是积极的作为，包括保存、利用、改良行为，只要有管理行为而不考虑是否成功、他人是否实际取得利益。事务须是他人的，将自己事务误以为他人事务而为管理，不成立无因管理。（4）为避免他人损失。使他人获益的管理行为，如主动帮别人洗车，属于强迫得利，而不成立无因管理。

2. 管理人与受益人之间的权利义务关系

（1）必要费用偿还权。构成无因管理后，管理人因管理事务而支出的必要费用，受益人应当偿还。该必要费用是管理事务过程中支出的客观费用。（2）损失补偿权。管理人因管理事务受到损失的，可以请求受益人给予适当补偿。该处受到的损失，应指去除必要费用之外的损失，是直接的财产权益和人身权益方面的损失，不包括可得利益损失。若管理事务不符合受益人的真实意思，但受益人的真实意思违反法律或者违背公序良俗的，管理人仍可主张必要费用偿还和损失补偿。**比如抢救自杀的人、替他人抚养子女等。见义勇为时，亦存在适用无因管理的空间。**（3）适当管理、继续管理义务。《民法典》规定了管理人的适当管理、继续管理义务。是否适当的判断标准看是否采取有利于受益人的方法。主观上尽到了与处理自己事务同一注意义务即可，不考虑客观上的结果是否实际有利于受益人。管理开始后，如中途作不合理的中断管理，对受益人不利的，管理人有继续管理的义务。

《民法典》第九百八十一条规定:"管理人管理他人事务,应当采取有利于受益人的方法。中断管理对受益人不利的,无正当理由不得中断。"

(4)通知、报告及交付义务。管理他人事务,能够通知受益人的,为防止以无因管理为由干涉他人事务,管理人应当及时通知受益人。管理的事务不需要紧急处理的,应当等待受益人的指示。若受益人接到通知后同意管理人继续管理的,一般可从管理事务开始时认定双方之间成立委托合同关系。若受益人明示拒绝的,则管理人应当停止管理。管理结束后,管理人应当向受益人报告管理事务的情况。管理人管理事务取得的财产,应当及时转交给受益人。

(十七)不当得利

不当得利亦是一项古老的制度,在协调、填补物权、债权、人格权、身份权等民法基本制度上,发挥着不可或缺的作用。

1. 不当得利的构成要件及例外

根据《民法典》第九百八十五条的规定,不当得利的构成要件有四个:(1)一方取得利益。该利益应限于财产性利益,且是具体的财产利益,包括(不应增加而增加的)积极利益和(应减少而未减少的）消极利益。（2）另一方受有损失。该损失应当是具体的、个别的损失，只要得利人没有法律根据而获得利益，一般即可认定对方受有损失。（3）得利与受损之间存在因果关系。一方得利与另一方受损之间应当存在直接的引起与被引起的关系，一般不应包括间接的牵连关系。（4）没有法律根据。无法律根据即无法律规定或欠缺基础的法律关系。在给付型不当得利中，包括自始欠缺给付目的（比如合同无效下的交付）、为特定目的而给付但该目的未能实现（如误以为条件已成就而交付，实际上条件未成就）、给付目的消灭（如子女非亲生，误以为亲生而抚养）等。

但是，并非所有的不当得利都应返还，存在如下例外情形：（1）为履行道德义务进行的给付。如用金钱接济友人、扶养没有扶养义务的亲属等，因符合社会的一般道德观念，排除了不当得利。（2）债务到期之前的清偿。期前清偿是基于合法的债权债务关系，清偿后债务消灭，不能认为利益受损。（3）明知无给付义务而进行的债务清偿。非债清偿时明知无给付义务仍为给付，事后再要求返还有违诚信。（4）不法原因给付。基于违反法律强制性规定或违反公序良俗而为的给付，为不法原因给付。虽然《民法典》对此未作规定，但在学理上，一般认为也不能要求返还。

2. 不当得利的种类与返还范围

基于得利人是否知道或应当知道取得利益没有法律根据，可区分为善意得利人和恶意得利人。不同于侵权责任的填平损失，不当得利的制度目的在于返还不当取得的利益，因此善意与恶意对返还利益的范围产生影响。根据《民法典》第九百八十六条，善意得利人取得的利益已经不存在的，不承担返还该利益的义务。因其是善意的，取得的利益已经不存在时，可认定为不再得利，不应再返还。确定所受利益是否存在的时点，应当选择受损人提出返还之时。当然，得利人应就已取得的利益已不存在负举证证明责任。若善意得利人已将取得的利益无偿转让给第三人，则为取得的利益已不存在，不负返还义务，但第三人构成不当得利。若其为善意，则按第九百八十六条处理；若其为恶意，则按第九百八十七条处理。

依据《民法典》第九百八十七条，恶意得利人应当返还取得的利益并依法赔偿损失，而不管该利益是否还存在。在某种程度上，恶意得利近似于侵权，恶意得利人居于类似侵权人的位置。恶意包括自始恶意和嗣后恶意。自始恶意的得利人应当返还受领时所得的利益、附加利息并赔偿损失。嗣后恶意的得利人以知情的时间为节点，之前为善意，适用第九百八十六条规定，之后为恶意，适用第九百八十七条规定。

第四课

人格权编

一、本编要义

（一）人格权的概念和独立成编的依据

人格权是民事主体维护其人格尊严所必需的权利。

《民法典》人格权编，将宪法公民基本政治权利规定具体化，以人民利益为中心，贯彻十九大报告提出的"依法打击和惩治黄赌毒黑拐骗等违法犯罪活动，保护人民人身权、财产权、人格权"。我国是坚持人民当家作主的社会主义国家，更应强调通过立法完善人格权。《民法典》总则编在民事权利一章，仅用三个条文列举规定人格权，有必要用专编对每种人格权

> 我国《宪法》第三十八条规定："中华人民共和国公民的人格尊严不受侵犯。禁止用任何方法对公民进行侮辱、诽谤和诬告陷害。"

作出进一步的具体规定。我国没有判例法，不能像国外那样通过判例确定人格权，必须通过成文法加以规定。人格权具有基本民事权利的属性，涉及当事人之间的基本民事关系，通过特别法规定难以体现其基本民事权利和基本民事关系的性质。

（二）人格权的种类和性质

维护人格尊严需要的人格权，包括生命权、身体权、健康权、姓名权、名称权、肖像权、名誉权、荣誉权、隐私权等权利。人格权的主体主要是自然人，法人和非法人组织享有的是名称权、名誉权和荣誉权等权利。自然人享有生命权、身体权、健康权、姓名权、肖像权、名誉权、荣誉权、隐私权等权利。民事主体享有的人格权不限于法律的列举规定，社会生活中普遍认可的其他人格权，如信用权实际也是民事主体享有的人格权。自由和人格尊严是自然人享有的本源性权利，个人信息受保护的权利实际是自然人的个人信息控制权。

人格权是一种具有支配性的绝对权，存在于法律关系中，是某一民事主体与其他民事主体的关系。其绝对性表现为其义务主体的广泛性，即除了权利人之外的其他任何自然人、法人和非法人组织都是义务主体，都必须尊重权利人的人格权，不得侵犯。

人格权是由权利人自由支配的权利，当然这种支配排除滥用权利，必须在法律限度内自由支配。人格权的行使必须遵循生命伦理，不享有自杀、自残的支配权。在不违背生命伦理、善良风俗的前提下，人格权人享有对人格权客体的充分的支配权。如行使姓名权可以姓父姓，也可以姓母姓；行使肖像权可以将自己的肖像允许他人用于商业目的，并可以获取相应的报酬；基于身体权可以捐献自己的器官；基于生命权可以选择尊严死等。

　　人格权是属于民事主体的专属权。人格权是法律赋予民事主体维护其人格尊严的权利，故为权利人所专有，不能转让和继承。某些特定人格权的客体形成的作品，如肖像权的客体——肖像形成的照片允许他人使用，并不等于肖像权可以转让，也不等于肖像权的客体可以转让。

（三）人格权的分类

　　人格权可以分为人的生存所必需的人格权，区分不同民事主体的人格权，民事主体存在期间获得的人格权。生命权、健康权、身体权，为自然人生存所必需的权利。自然人的姓名权和肖像权、法人的名称权为区分不同民事主体的权利。名誉权、荣誉权、隐私权是民事主体生存期间获得的权利。

、必读内容

（一）自然人的生命权——生命安全和生命尊严受法律保护的权利

　　生命权之所以列为人格权之首，是因为生命权是自然人的其他民事权利包括人格权的基础，没有生命权其他民事权利就不复存在。生命权以生命为客体，生命对于人只有一次，失而不可复得，因此生命权也具有连贯性和唯一性。生命权的连贯性和唯一性，也决定失去生命或生命权，对死者而言是无法救济的。所谓死亡损害赔偿，只是对其近亲属的救济。依据我国法律规定，只有人民法院可以依法对极其

《民法典》第一千零二条规定："自然人享有生命权。自然人的生命安全和生命尊严受法律保护。任何组织或者个人不得侵害他人的生命权。"

严重的犯罪分子判处死刑，除此之外，任何组织和个人都无权剥夺他人的生命权。即使是自然人的近亲属，甚或是有恩于其他家庭成员的近亲属，也无权剥夺他人生命。**社会中有杀害、遗弃女婴、残疾婴儿的行为及夫妻间在自己年老体弱不能伺候有病的配偶并担心连累子女时而毒害配偶的行为，都要承担法律责任**。因此擅自剥夺他人生命构成杀人罪。

生命权是自然人所享有的以维护其生命安全和支配其生命利益为内容的权利，也就是说生命权只有以下两点内容：

其一，自然人有维护其生命安全的权利。当生命权受到侵害或者处于其他危难情形时，可以请求负有法定救助义务的组织或者个人及时施救。针对正在进行的侵害其生命权的行为，这些人可以实施正当防卫行为以维护自己的生命并不需承担任何法律责任。负有法定救助义务的组织或者个人，通常情况下是指公安机关和人民警察，特殊情况下是指专业救助机构和人员，如海事救助机构、泳池或海边浴场救助人员、自然灾害的抢险救助人员等。

其二，自然人可以依法支配其生命利益以维护其生命尊严。依法支配，是指在患有不治之症的生命晚期，可以选择有利维护其生命质量的尊严死方式，而拒绝虽能短期延长其生命但会遭受更大痛苦的治疗方案。我国现今虽然没有尊严死的明确规定，但基于患者自愿且不违背道德伦理的原因，实践中认可患者对治疗方案的自己决定权，包括认可患者有完全民事行为能力时作出的在自己丧失意识的情况下可以撤去生命维持装置以结束毫无意义的延命治疗的意思表示。我国和世界上绝大多数国家一样，不允许他人特别是医生以积极行为帮助患者自杀，也不认可自然人享有自杀权，因为这些行为都是严重违背社会伦理道德的，因而是不被允许的。

（二）身体权与器官捐献——人身的完整、行动自由与对他人的恩赐

身体权有两个基本功能，一是维护身体的完整性，二是行动自由。维护身体的完整性，是身体权的基本内容，任何组织和个人不得侵害。身体的完整性，包括身体的组成部分不得残损和身体不得被非法接触。损害他人身体的组成部分造成残损，侵权人应承担治疗费用和残疾赔偿金等损害赔偿责任。未经法律授权非法

《民法典》第一千零三条规定："自然人享有身体权。自然人的身体完整和行动自由受法律保护。任何组织或者个人不得侵害他人的身体权。"

拘押、搜查他人身体，非法限制他人行动自由，都是侵害了他人身体权的行为，应承担精神损害赔偿等赔偿责任。**实践中出现的非法雇佣童工并限制其行动自由、商场非法搜查他人身体，拘禁、强迫他人参与传销，绑票或将他人作为人质的行为，都是严重侵犯他人人身自由的行为甚至是犯罪行为，必须依法承担相应的法律责任。**公安机关和国家安全机关、监狱等依法进行的人身搜查为职务授权行为，不构成侵害身体权。当然如超出法律授权，也构成侵犯他人人身自由的行为，应承担相应的法律责任。

自然人死亡后，其尸体受法律保护。自然人身体权的效力及于其死后的尸体，禁止以任何方式损害或者侮辱他人尸体。医疗机构摘取他人捐赠的器官，应以体面的方式处置捐赠者的遗体。抢险等情形下发现他人遗体，也应以体面尊重的方式处置。

由于身体权是一种支配权，身体权的客体包括自然人的活体和尸体，身体权包括器官捐献的权利。器官捐献，可以改善他人的健康，延长他人的生命，是一件功德无量的善事。法律禁止器官买卖，因此器官捐献是基于捐献者的意愿对他人的一种恩赐。器官捐献既包括活体捐献，也包括死体捐献。死体捐献为通常情况。人死亡后，其捐献的身体器官的功能并非即刻丧失，有一个逐渐丧失的过程。这就为器官移植提供了机会和可能。因此确定死亡标准尤为重要。死亡标准通常是医学公认的全脑死标准，即大脑、小脑、脑干的功能均已丧失。当事人也可以选择全脑死加心肺死的标准。摘除其捐献的器官，依其选择的死亡标准及早进行，以保证摘除的器官新鲜及功能良好以实现其捐献目的。我国《民法典》规定，完全民事行为能力人可以捐献其人体器官，自然人生前未表示不同意捐献的，其近亲属可以共同决定捐献，但必须采用书面形式。所谓共同就意味着近亲属要取得捐献的一致意见。

与器官捐献对应，自然人也享有平等获得器官移植的权利。在供体相对不足的情况下，器官移植的分配应当坚持公平、公正、公开、合理的原则。对器官资源享有的权利，不因性别、年龄、经济差距而有所区别。在器官分配中，法律所保护的平等是机会平等。公平不是器官移植资源的平均分配，而是指资源配置者按照社会公众利益最大化的原则和需求导向进行分配。公正是对器官移植的医疗机构的要求，作为分配机构必须保持中立，按医学标准和社会标准来确定最佳器官接受者。公开指器官移植按照登记的排列顺序进行分配并接受社会的监督。合理要求器官移植的分配具有科学性，按照医学标准考虑移植的必要性、迫切性、成功的可能性、预期寿命的长短、申请时间的先后、患者及其家庭成员以往对器官移植的贡献。

（三）健康权——身体、精神安康和享受社会保障的广泛人格权

健康是指自然人身体、精神和社会适应方面的完好状态。健康权是自然人对其身体、精神和社会适应方面享有的权利。

> 《民法典》第一千零四条规定："自然人享有健康权。自然人的身心健康受法律保护。任何组织或者个人不得侵害他人的健康权。"

167

健康权既是一项民事权利，也是宪法规定的公民的基本政治权利。作为民事权利，自然人为实现自己的健康有权获得维持其健康所需要的住房、教育、安全的食品与饮用水、经济收入、良好的生活环境和安宁条件以及社会平等与公平的待遇。作为一项基本政治权利，公民有权请求国家给予最低的社会保障，获得国家必要的救济。因此，国家有关部门负有保障公民健康权的义务。对国家提供的各种保障——比如国家设立的医院、医院配备的救护车，政府部门建设的公园，政府部门提供的体育器材——享有享用权。这是一项重要的民事权利，是由健康权衍生出来的一种权利。当然就民事关系当事人而言，任何组织和个人都负有不得侵犯他人健康权的义务，否则应承担损害赔偿等民事责任。

健康权受到侵害或者处于其他危难情形，负有法定救助义务的组织和个人必须及时施救。因此医院不得对危重病人拒绝救治，负有安全保障义务的人必须采取紧急救助措施，否则将承担相应的法律责任。

生理健康是健康的基础，心理健康以及对社会的适应能力也是健康的重要方面。因此疾病治疗，包括生理的和心理的两个方面。我国有《基本医疗卫生与健康促进法》和《精神卫生法》，保障这些法律的贯彻实施，是法治建设的重要任务。依据我国《"健康中国2030"规划纲要》，我国每年都制定了具体的健康行动计划，到2030年不仅要完善我国的医疗卫生法律体系，而且要使我国的国民健康水平不断提高，达到国际先进水平。

（四）临床试验的法律红线

临床试验，又称人体试验，是指以人体为研究对象的医学试验。

新药开发，新医疗设备，新医疗方法，必须经过试验研究才能进入临床应用。试验可能成功，也可能失败，因此临床试验必须谨慎进行。

依《民法典》规定，临床试验必须符合以下条件：

1. 必须经相关主管部门批准

相关主管部门，即医疗管理部门。依据我国《执业医师法》第二十六条第二款规定，医师进行临床试验，应经医院批准。依据我国《药品管理法》第二十九条规定，研制新药，必须向国务院药品监督管理部门报送研制方法、质量指标、药理、毒理及试验结果等有关资料和样品，经国务院药品监督管理部门批准后，方可进行临床试验。依据我国《医疗器械临床试验规定》，医疗器械临床试验需接受药品监督管理部门批准和监督。

2. 须经伦理委员会审查同意

前述相关法律法规，在规定了须经有关部门同意的同时，也规定了须经伦理委员会审查同意。伦理委员会是由医学、法律专家依法组成的独立组织，其工作不受

《民法典》第一千零八条规定："为研制新药、医疗器械或者发展新的预防和治疗方法，需要进行临床试验的，应当依法经相关主管部门批准并经伦理委员会审查同意，向受试者或者受试者的监护人告知试验目的、用途和可能产生的风险等详细情况，并经其书面同意。进行临床试验的，不得向受试者收取试验费用。"

临床试验组织和实施者的干扰和影响，其职责是核查临床试验方案及其资料，审查是否符合伦理道德。

3. 须向受试者或者受试者的监护人履行说明义务，并经其书面同意

由于试验具有不确定性和危害风险，试验者必须向接受试验的一方履行告知义务，告知其试验的目的、方法、可能取得的良好效果及潜在的危险、可能使受试者产生不适，保证受试者在充分知情的情况下作出是否参与试验的决定。告知义务以具体患者为标准，必须根据具体患者的理解程度予以告知，以其充分理解为标准。患者的知情同意必须采用书面形式。

（五）基因编辑事件引发的法律问题——《民法典》对人体基因、人体胚胎等有关的医学和科研活动的规范

南方科技大学副教授贺某某，从 2016 年 6 月开始，擅自组织包括境外人员参加的项目，逃避监管，使用欠缺安全的技术，实施国家明令禁止的以生殖为目的的人类胚胎基因编辑。2017 年 3 月至 2018 年 11 月，贺某某使用通过他人伪造的伦理审查书，招募 8 对艾滋病病毒抗体男方阳性女方阴性的志愿者夫妇，个别从业人员违规在人类胚胎上进行基因编辑后植入母体，致两名志愿者怀孕，其中一名志愿者已生下双胞胎女婴。

此事件被披露后，国内外医学专家予以强烈谴责。专家们一致认为，此项编辑存在巨大风险，在科学上存在高度不确定性的人类遗传物质不可避免地会汇入人类基因池，不排除此次出生的孩子一段时间内基本健康，但将来对人类群体的潜在风险和危害是不可估量的。

此次事件引起我国国家有关部门高度重视，也成为《民法典》编纂回应的社会热点问题。

我国不是绝对禁止与人体基因、人体胚胎等有关的医学和科研活动。用基因编辑产生的人，不仅在科学上难以保证其健康成长，存在造成人类群体的潜在风险和危害的可能，而且即使在科学技术可以保障产出的婴儿健康成长，因其基因编辑有编辑"超级人类"的可能，部分利用金钱优势通过基因编辑产生的后代，会造成与其他人之间的不平等，会破坏人类的生活秩序，严重违背自然选择的生命伦理，在可预料的未来必须禁止此项技术的运用。依据 2015 年 12 月中美英等国共同成立的人类基因编辑研究委员会的相关规定，基因编辑只能用于基础研究，禁止用于人类生殖目的。

《民法典》第一千零九条规定："从事与人体基因、人体胚胎等有关的医学和科研活动，应当遵守法律、行政法规和国家有关规定，不得危害人体健康，不得违背伦理道德，不得损害公共利益。"

我国《人类辅助生殖技术规范》规定："禁止以生殖为目的的对人类配子、合子和胚胎进行基因操作。"我国《人胚胎干细胞研究伦理指导原则》规定："遗传修饰获得的囊胚，其体外培养期限自受精或核移植开始不得超过 14 天。"

（六）实施性骚扰应承担法律责任与单位的预防措施

性骚扰是以性满足和性追求为目的，对他人实施的违反他人意愿、损害他人人格尊严的行为。

《民法典》第一千零一十条规定，实施性骚扰行为应承担民事责任。机关、企业、学校等单位应采取应对性骚扰行为的措施。

171

性骚扰是各国都存在的现象，许多国家的法律都有禁止性的规定，主要规定在调整劳动关系的法律中。我国最高人民法院 2018 年将性骚扰确定为新的民事案件案由。近年性骚扰案件有所增加，社会反响较大，编纂《民法典》回应这一社会热点问题，从保护人格尊严的高度在人格权编作出专条规定。依据我国《民法典》第一千零一十条的规定，性骚扰承担民事责任的条件是：

第一，性骚扰行为主要是男性对女性实施的，但也不限于此。虽然女性是性骚扰的主要受害者，但社会生活中也存在女性对男性的性骚扰。性骚扰一般发生在异性之间，但也可能发生在同性之间。性骚扰既可以针对成年人，也可以针对未成年人甚至儿童。

第二，性骚扰行为的内容是性，其行为方式多种多样。性骚扰以获得性的心理、生理满足为目的，其行为方式包括言语、文字、图像、肢体行为等，但区别于直接的性行为。

第三，性骚扰骚扰了受害人正常的生活，损害了受害人的人格尊严，行为人主观上具有过失，且违背受害人意愿。如没

我国《治安管理处罚法》第四十二条，规定多次发送淫秽信息，干扰他人正常生活，为应受处罚的行为。我国《女职工劳动保护特别规定》第十一条规定，在劳动场所，用人单位应预防和制止对女职工的性骚扰。

有违背对方当事人意愿，则属相互间的暧昧关系，不能以性骚扰行为论处。性骚扰行为也必须达到一定程度，若没有损害他人人格尊严，亦不可以性骚扰论处。

性骚扰多发生于有从属关系的当事人之间，因此《民法典》规定机关、企业、学校等单位应采取合理措施，包括预防、受理投诉、调查处理等措施，防止和制止利用职权、从属关系等实施性骚扰。学校应有师德师风管理组织。学校、机关、企业的纪检部门也应查处实施性骚扰的违纪违法行为，受理相关当事人投诉并及时调查处理，追究行为人的违纪责任。

（七）姓名权及其正确行使——派出所为何拒绝办理赵 C 为姓名的身份证

姓名是人与人相区别的符号。在中国，姓最早表明其形成的氏族，名表示人的辈分和本人与同辈人的区别。汉族人的姓名分别是由这三部分构成，且以三字组成为常见。姓名权是自然人相区别表明其民事主体地位的人格权。姓名权的权能如下：

第一，姓名权人有权选择自己的姓

> 《民法典》第一千零一十二条规定："自然人享有姓名权，有权依法决定、使用、变更或者许可他人使用自己的姓名，但是不得违背公序良俗。"

氏。姓氏表明的是血缘传承，所以《民法典》规定，自然人应当选择父姓或者母姓。自然人也可以选择其他直系长辈的姓氏、抚养人的姓氏，以感恩其对自己的影响或抚养。有其他不违背公序良俗选择的亦可。

第二，自然人可以变更自己的姓名。改姓需遵守前述法律规定，改名亦应不违反善良风俗。由于自然人出生登记即由父母或者其他长辈确定了姓名，自然人具有一定行为能力时，有权改选自己的姓氏，也有权改选自己的名字，但必须履行姓名变更手续。

第三，自然人有权使用自己的姓名。这是姓名权的基本权能。只有使用自己的姓名，才能确立自己的身份并与其他民事主体相区别，便于发生民事法律关系，维护自己的合法权益。

第四，自然人有权允许他人使用自己的姓名。这里的使用一般是指用于商业目的，既可以是有偿的，也可以是无偿的，如某些在工作领域作出突出贡献的人，他人有冠名的需求，经姓名权人允许可以冠名。

姓名权的行使不得违背公序良俗。**如某律师为自己的孩子取名叫赵 C，以希望孩子将来学好英语。C 为英语开头单词最多的和英文 China 的首字母，有人丁兴旺与不忘祖国之意。办理第一代身份证时顺利通过。但当赵 C 长到 23 岁办理第二代身份证时，鹰潭市月湖区公安分局以公安部不允许用外文字母取名的规定为由拒绝办理。此案经一审法院判决赵 C 胜诉，二审法院促成双方调解达成协议，赵 C 改用规范汉字，月湖公安分局免费为其更名结案。**公安部之所以作出新规定，是统一管理公民身份证，维护公共秩序的需要。赵 C 虽希望继续使用其以往姓名，但因违反公序良俗而无权继续使用。《民法典》规定行使姓名权应当不违反公序良俗，为自然人行使姓名权和公安部门进行户籍管理提供了更加明确的基本法律依据。

（八）法人和非法人组织的名称权

法人和非法人组织与自然人一样，必须相互区别才能进行民事活动。因此，法人和非法人组织必须有自己的名称。这也是成立法人和非法人组织的必备条件之一。

法人的名称，一般应反映法人的业务活动性质，所在区域以及法律要求规定的关键词，**如"宝山钢铁股份有限公司"，其业务活动性质是生产"钢铁"，所在区域为上海"宝山"，"股份有限公司"则是公司法要求的冠名。作为行政单位等特别法人，还应表明其隶属关系，如"××省××县××乡政府"。**当然也有例外，如清华大学、复旦大学，其名称并不表明其隶属关系和所在地域，因其为知名学府，有历史传承，不会引起人们对隶属关系和所在地域的误解。

营利法人和营利非法人组织成立时，必须确定其名称并在工商行政管理部门登记，取得法人资格或者营利非法人组织执照，方为有效。非营利法人由有关部门或者单位确定其名称并批准成立后方为有

《民法典》第一千零一十三条规定："法人、非法人组织享有名称权，有权依法决定、使用、变更、转让或者许可他人使用自己的名称。"

效。在某一登记或者批准的范围，名称权具有专有性，批准部门或单位不得重复命名。

法人和非法人组织，有权使用自己的名称，任何人任何组织不得妨碍其使用。

法人和非法人组织，有权依法变更自己的名称，但必须履行名称变更手续经有关部门批准后方为有效，并应进行公告。

法人和非法人组织，有权依法转让或者许可他人使用自己的名称。特别是营利法人和营利非法人组织，其名称构成商誉的一部分，有价值和使用价值，可依法有偿或无偿转让。转让之后不得再使用原有名称，受让人必须保证其名称的应有商誉，不能降低其产品的质量和诚信声誉。

（九）肖像权和名人肖像的有偿转让

肖像是通过影像、雕塑、绘画等方式，在一定载体上所反映的特定自然人可以被识别的外部形象。肖像也是自然人相互区别的人格权客体。损害肖像或者擅自违法使用他人肖像，都是严重的侵害自然人肖像权行为，应当承担民事责任。

肖像的最大特点是可以被识别的外部形象。因为可被识别，才可用于区分不同的自然人，才具有人格权客体的意义。如果画像、雕塑等不能再现原型人的相貌特征，他人不能以此识别具体的自然人，这样的作品就不具有肖像权客体的意义。

肖像的另一特点是在一定载体上反映具体自然人的外部特征。一定载体，如纸质照片、电子照片、电影拷贝及荧屏、头像雕塑作品、绘画作品等。也正因如此，肖像是可以和肖像权人、肖像权分离的，肖像作品的转让，不是肖像权的转让。反之，正因为肖像权人享有肖像权，才有权依法制作、使用、公开或者许可他人使用自己的肖像。

　　肖像的转让可以是有偿的，也可以是无偿的。有偿即为肖像的商业化使用，因使用者可以获取较大利益，肖像权人也因此有权获取一定利益。不管有偿还是无偿使用他人肖像，除法律规定的合理使用情况外均应取得肖像权人的同意。

（十）名誉权、荣誉权

　　名誉权和荣誉权，不可能是从自然人出生或者法人、非法人组织成立时就享有的权利，因为这种权利的客体是基于一系列法律行为而获得的社会评价。因此，名誉权和荣誉权是民事主体在存在期间获得的人格权。

　　名誉权和荣誉权，对民事主体来说是非常重要的人格权。民事主体获得名誉和荣誉，意味着得到社会高度的评价，表明其是社会中的优秀一员，在民事交往中是可信赖的，是他人学习的楷模。获得名誉和荣誉，基于人们对其信赖或者景仰，人们乐于与其发生民事法律关系，因此享有名誉和荣誉的人可以因此获得经济上的利

《民法典》第一千零一十八条第一款规定："自然人享有肖像权，有权依法制作、使用、公开或者许可他人使用自己的肖像。"

《民法典》规定的不需要取得肖像权人同意的合理使用行为包括：为个人学习、艺术欣赏、课堂教学或者科学研究使用他人已公开的肖像；为新闻报道而制作、使用、公开他人的肖像；国家机关依法履行职责而制作、使用、公开他人的肖像；展示特定公共环境，不可避免地制作、使用、公开他人的肖像；为维护公共利益或者肖像权人合法权益，而制作、使用、公开肖像权人肖像的其他行为。

益。侵害他人名誉或荣誉，不仅会造成民事主体的人格贬损，而且可能使其经济利益受到损害。因此，《民法典》赋予民事主体对其名誉和荣誉分别享有名誉权和荣誉权，规定任何组织或者个人不得侵犯。

> 《民法典》第一千零二十四条第一款规定："民事主体享有名誉权。任何组织或者个人不得以侮辱、诽谤等方式侵害他人的名誉权。"

名誉是对民事主体的品德、声望、才能、信用等的好的社会评价。在社会生活竞争中，个别企业以不正当手段贬损其他企业的名誉的行为也时有发生。因此，改革开放后，我国制定的《民法通则》，规定了民事主体的名誉权，我国《民法典》人格权编对名誉权作出进一步的规定。

荣誉是民事主体对国家和社会作出特

> 《民法典》第一千零三十一条第一款规定："民事主体享有荣誉权。任何组织或者个人不得非法剥夺他人的荣誉称号，不得诋毁、贬损他人的荣誉。"

别贡献由有关部门授予的荣誉称号或奖章。由于荣誉是民事主体对国家和社会作出的特别贡献的历史功绩，有关部门漏记或者记载有误的，荣誉权人有权请求补记或者更正。非法剥夺他人的荣誉称号，诋毁、贬损他人的荣誉，应承担法律责任。

（十一）隐私权——经常受到他人侵犯的人格权，行政机关应予重点保护

隐私是自然人的私人生活安宁和不愿

为他人知晓的私密空间、私密活动、私密信息。人的生活可以分为公开生活与隐私生活。民法调整的自然人的劳动关系、交易关系等，就是一种自然人的公开生活活动。自然人通过公开性社会关系，获取劳动报酬，购买生活所需，或为将来参加劳动公开学习知识，其目的相当程度上可以说是为了使自己的私密生活更安宁、更幸福。私密生活是人类所需，也是劳动力生产和再生产的需要。社会主义生产的目的，就是最大限度地满足人们日益增长的物质文化需求，而这种需求的消费主要是在自然人的私密生活空间完成。从这个意义上说，保护自然人的隐私权，集中体现了以人民为中心的思想。

隐私也是时常容易受到他人侵犯的。如现实生活中，自然人手机甚至电脑邮箱经常收到他人发送的骚扰短信和邮件，侵犯了自然人的生活安宁，而手机号码和电脑信箱恰恰是自然人不愿让无关者知道的个人私密信息。更为严重的是，有时会发生他人违法窥视自然人的住宅甚至偷拍、窃听他人的私密活动。这些行为都严重损害了自然人的人格尊严，因此构成严重的侵权行为，侵权人应承担法律责任。有关部门应加强对短信骚扰等一系列侵犯他人隐私行为的管理，保护人民人格权。

依照《民法典》规定，只有自然人享有隐私权，法人和非法人组织其活动是公开的，因此不享有隐私权，仅享有商业秘密权。依照《民法典》和其他相关法律的规定，自然人的隐私权包括：

第一，个人生活安宁权。自然人个人生活排除他人不当干扰。自然人的住宅不受侵犯，未经允许其他人不得非法进入其住宅。自然人的个人生活，也有权排除他人以噪声、恶臭、光污染等形式进行的侵扰以及他人偷拍、窥视、窃听等严重侵权行为。

第二，个人隐私信息受法律保护。隐私信息包括家庭和亲属关系，

《民法典》第一千零三十二条第一款规定："自然人享有隐私权。任何组织或者个人不得以刺探、侵扰、泄露、公开等方式侵害他人的隐私权。"

《民法典》第一千零三十三条规定："除法律另有规定或者权利人明确同意外，任何组织或者个人不得实施下列行为：（一）以电话、短信、即时通讯工具、电子邮件、传单等方式侵扰他人的私人生活安宁；（二）进入、拍摄、窥视他人的住宅、宾馆房间等私密空间；（三）拍摄、窥视、窃听、公开他人的私密活动；（四）拍摄、窥视他人身体的私密部位；（五）处理他人的私密信息；（六）以其他方式侵害他人的隐私权。"

财产状况、个人病史、婚恋史、身体缺陷、健康状况等。

第三，个人通讯秘密权。自然人的个人信件、邮箱信息、电话、传真受法律保护，未经允许禁止他人查看、窃听。

（十二）个人信息与信息处理规则

信息关系产生在三个方面：一是现代国家有关部门在行使国家管理职权过程中，掌握自然人个人的大量信息，由此产生政府机关与个人的信息关系；二是随着市场经济的发展，企业掌握客户的大量信息，由此产生企业与客户之间的信息关系；三是在医患关系中，患者将个人信息告知医务人员和医疗机关，产生医患关系中的信息关系。在上述关系中，政府有关部门、企业、医疗机构及其医务人员，享有合理使用自然人个人信息的权力或权利，超出合理使用范围处理个人信息，必须征得信息提供者同意，因此信息提供者享有的是信息控制权。信息中涉及个人隐私的，适用隐私权保护的相关规定。

信息被他人不当收集、使用、转让，侵犯了信息提供者的信息控制权，损害了该自然人的人格尊严。因此个人信息受法律保护，处理个人信息必须遵循合法、正当、必要的原则，不得过度处理。应征得自然人或者其监护人同意的，必须征得其同意。如在防控新冠疫情工作中，有关单位和某些写字楼甚至某些住宅小区实行刷脸措施是必要的，因为只有这样才能在发现有传染情况时及时找到接触人员，以便实行隔离治疗。如果疫情并非紧张，在这些地方实行刷脸就是没有必要的。在机场实行刷脸是必要的，在公园实行刷脸则是不必要的。有关部门获取相关信息，必须妥善保管，在事后及时删除。

个人信息的处理，包括个人信息的收集、存储、使用、加工、传输、提供、公开等。违法处理个人信息，应承担相应的民事责任。

《民法典》第一千零三十四条规定："自然人的个人信息受法律保护。个人信息是以电子或者其他方式记录的能够单独或者与其他信息结合识别特定自然人的各种信息，包括自然人的姓名、出生日期、身份证件号码、生物识别信息、住址、电话号码、电子邮箱、健康信息、行踪信息等。"

第五课

婚姻家庭编

、本编要义

（一）婚姻家庭编在《民法典》中的作用

《民法典》将原《中华人民共和国婚姻法》《中华人民共和国收养法》整合在一起，合称为婚姻家庭编。婚姻家庭编经过立法征询、论证，形成五章制的立法格局——一般规定、结婚、家庭关系、离婚、收养，共计七十九条。婚姻家庭编是《民法典》的重要组成部分，一方面，婚姻家庭编与《民法典》总则编紧密联系，《民法典》总则编所确立的立法目的、调整范围等是婚姻家庭编立法的基本遵循；另一方面婚姻家庭编对身份关系的内容进行了科学建构，使身份关系与人格关系、财产关系共同构成《民法典》的完整内容。

（二）婚姻家庭编的调整对象和基本原则

1. 调整对象

《民法典》婚姻家庭编的调整对象，包括婚姻关系和家庭关系。其

中婚姻关系是因婚姻有效成立而在夫妻之间产生的法定的权利和义务关系，包括婚姻成立、婚姻效力和婚姻解除等；家庭关系是指一定范围亲属间的法定权利和义务关系，如配偶、父母与子女、祖父母与孙子女、外祖父母与外孙子女、兄弟姐妹。

> 《民法典》第一千零四十条规定："本编调整因婚姻家庭产生的民事关系。"这是关于婚姻家庭编调整对象的规定。

2. 基本原则

第一，保护婚姻家庭原则。婚姻家庭关系受法律保护，任何人不得侵犯。婚姻家庭是社会的组成基础，婚姻家庭的稳定是每一个人的追求，亦是社会稳定的基石。

第二，婚姻自由原则。婚姻自由是自然人的一项基本权利，以人格的尊严、自由、平等为基础，包括结婚自由和离婚自由。

第三，一夫一妻原则。即一男一女结为夫妻的婚姻制度，一个自然人在有配偶的情况下，不得再行结婚。

第四，男女平等原则。即婚姻关系中男女平等、其他家庭成员男女平等。

第五，保护妇女、儿童、老年人和残疾人的合法权益原则。这一原则符合社会公德的要求，特别规定对妇女、儿童、老

> 《民法典》第一千零四十一条分三款规定："婚姻家庭受国家保护。实行婚姻自由、一夫一妻、男女平等的婚姻制度。保护妇女、未成年人、老年人、残疾人的合法权益。"这是对婚姻家庭编基本原则的规定。

年人、残疾人合法权益的保护，是更好地保护该部分弱势群体，防止其被非法侵害。

需要提到的是，《民法典》第一千零四十一条在婚姻家庭法的基本原则中，删除了"实行计划生育"的内容。这是因为，国家长时间实行独生子女的计划生育政策，限制了人口增长，后备劳动力有所减少，需要适当调整计划生育政策，以改变目前的状况，故删除了"实行计划生育"的规定，不再将其作为婚姻家庭编的基本原则。

3. 优良家风、家庭美德与家庭文化建设

家庭是社会的细胞，家庭文明是社会文明的缩影。家庭文明建设，是社会主义物质文明与精神文明建设的重要组成部分。重视家庭文明建设，才能建立注重"家庭、家教、家风"的理念。《民法典》首次将优良家风入法，符合我国社会主义精神文明建设，贯彻了习近平总书记关于注重家庭、注重家教、注重家风的重要思想，体现了党和国家对家庭在国家的政治、经济、文化建设和社会生活中重要地位的重视，是

《民法典》第一千零四十三条第一款规定："家庭应当树立优良家风，弘扬家庭美德，重视家庭文明建设。"

《民法典》第一条关于"弘扬社会主义核心价值观"立法目的规定在婚姻家庭编的具体体现。

（三）婚姻家庭编的新内容

本次《民法典》编纂，增加了很多条款。如优良家风入法、离婚冷静期、将疾病婚从无效改为可撤销、家务劳动补偿制度、婚姻无效或被撤销、无过错方有权请求损害赔偿等，完善了法定夫妻财产制、收养异议等。

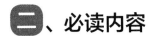

二、必读内容

（一）结婚

结婚也称为婚姻的成立，是指男女双方依照法律规定的条件和程序，建立夫妻关系的法律行为。《民法典》对于结婚要件的规定，是国家通过法律对婚姻问题进行审查和监督的重要手段，既保障了当事人的合法权益，也维护了社会秩序。结婚的实质要件是指结婚当事人本身必须具备结婚的合意、达到法定婚龄、没有配偶

《民法典》就结婚的相关规定主要体现在第一千零四十六条至第一千零四十九条，如男女婚姻合意、法定婚龄、禁婚亲、结婚程序。

等；结婚的形式要件，是指法律规定的婚姻成立的方式或者程序，**在我国结婚须以结婚登记作为形式要件，只有履行了结婚登记，婚姻才具备法律上的效力，才能得到国家和社会的认可**。结婚是组建家庭的第一步，按照我国法律规定，结婚须得到法律的确认，即结婚行为加上婚姻登记，由此构成了婚姻关系。

（二）婚姻无效和受胁迫婚姻的撤销

婚姻是男女以共同生活为目的的结合。作为一种社会形式，婚姻的合法性是婚姻的本质属性。只有在符合法律规定的结婚的形式要件和实质要件后，才能得到社会的承认，才是合法的婚姻，具有婚姻的法律效力，反之则违法。如无效婚姻和可撤销婚姻。

婚姻无效情形包括重婚、有禁止结婚的亲属关系、未到法定婚龄。值得注意的是，《民法典》第一千零五十一条，将疾病婚从无效变为可撤销情形，这也是反映了婚姻自由的基本原则。

可撤销婚姻情形为因胁迫结婚、结婚登记前未告知另一方自己有重大疾病的。

《民法典》从第一千零五十一条至第一千零五十四条，规定了无效婚姻、可撤销婚姻及无效、可撤销婚姻的法律后果。

请求撤销婚姻的时效为一年，具体说：一是因胁迫结婚的，受胁迫的一方可以向人民法院请求撤销婚姻。请求撤销婚姻的，应当自胁迫行为终止之日起一年内提出。被非法限制人身自由的当事人请求撤销婚姻的，应当自恢复人身自由之日起一年内提出。二是一方患有重大疾病的，应当在结婚登记前如实告知另一方；不如实告知的，另一方可以向人民法院请求撤销婚姻。请求撤销婚姻的，应当自知道或者应当知道撤销事由之日起一年内提出。

需注意的是，无效或可撤销婚姻自始没有法律效力，当事人当然不具有夫妻的权利和义务。**同居期间所得的财产，由当事人协议处理；协议不成的，由人民法院根据照顾无过错方的原则判决。**对重婚导致的无效婚姻的财产处理，不得侵害合法婚姻当事人的财产权益。但是为了保护子女的合法权益，当事人所生的子女，适用本法关于父母子女的规定。

（三）夫妻双方家事代理权及限制

家事代理是家庭生活中的惯常行为，也称家事代理权，是指因家庭生活需要，

《民法典》第一千零六十条规定："夫妻一方因家庭日常生活需要而实施的民事法律行为，对夫妻双方发生效力，但是夫妻一方与相对人另有约定的除外。夫妻之间对一方可以实施的民事法律行为范围的限制，不得对抗善意相对人。"

配偶一方与第三人为一定法律行为时的当然代理权，被代理的他方对由此产生的债务承担连带责任。婚姻法未规定家事代理权，以致家事代理纠纷不能顺畅解决、家事代理权益不能有效保障。

为规制家事代理行为，解决家事代理纠纷，维护善意相对人权益，促进交易安全。《民法典》的规定在确立家事代理制度的同时，明确了家事代理权的内涵：一是家事代理的主体是夫妻双方，彼此互享家事代理权；二是家事代理的范围以家庭日常生活需要为限，限定了家事代理的行为空间；三是家事代理的效力约束夫妻双方，即被代理方对代理后果产生连带责任；四是家事代理范围的约定对外不生效力，即不得对抗善意相对人。基于诚信原则，家事代理行为应恪守谨慎注意义务，禁止权利滥用。

（四）夫妻财产制

夫妻财产制是指在婚姻关系存续期间，对于夫妻婚前财产和婚后所得财产的归属、管理、处分以及债务清偿等制度。夫妻财产制有约定财产制和法定财产制之分。我国坚持以共同财产制为法定财产制，但也允许和尊重夫妻对共同财产进行约定。所谓夫妻共同财产是指夫妻在婚姻关系存续期间，一方或者双方取得的依法由夫妻双方共同享有所有权的共有关系。**夫妻共同财产分为：工资、奖金、劳动报酬；生产、经营、投资的收益；知识产权的收益；继承或受赠的财产，但遗嘱或者赠与合同中确定只归一方的财产除外；其他应当共同所有的财产。**

个人财产是指夫妻双方在婚前各自所有的财产和其他属于夫妻一方特有的财产。夫妻个人财产的范围包括：一方的婚前财产；一方因受到人身损害获得的赔偿或补偿；遗嘱或者赠与合同中确定只归一方的财产；一方专用的生活物品；其他应当归个人所有的财产。

认定夫妻共同债务的规则是：夫妻双方共同签字或者夫妻一方事后追认等共同意思表示所负的债务；夫妻一方在婚姻关系存续期间以个人名义为家庭日常生活所需背负的债务。

（五）婚内分割夫妻财产

婚内是否可以析产或者是分割共同财产，一直是立法和司法的关注点。本次《民法典》为了维护夫妻双方的财产权益，发挥家庭赡老育幼的功能，解决夫妻婚内分割共同财产纠纷，在第一千零六十六条中新增规定，在婚姻关系存续期间，夫妻一方可以向人民法院请求分割共同财产。具体情形为：一方有隐藏、转移、变卖、毁损、挥霍夫妻共同财产或者伪造夫妻共同债务等严重损害夫妻共同财产利益的行为；一方负有法定扶养义务的人患重大疾病需要医治，另一方不同意支付相关医疗费用。如**一方父母需要救治，而另一方不同意支付医疗费用，法律允许分割共有财产**。

（六）父母子女关系

父母子女关系又称为亲子关系，是家庭关系的重要组成部分。《民法典》用了七个条文规定了父母子女关系，确立了以保护未成年子女合法利益为原则，父母子女之间平等、相互扶养继承的权利义务关系，根据父母子女关系产生的原因，将父母子女关系分为自然血亲的父母子女关系和拟制血亲的父母子女关系。

《民法典》第一千零六十七条规定了父母的抚养义务和成年子女的赡养义务。父母对未成年子女的抚养义务是法定、无条件的义务，抚养义务是亲权的主要内容，未成年子女作为权利人，在亲权人拒绝履行抚养义务的时候，未成年子女可以依法行使抚养费给付请求权。同样成年子女对于父母的赡养义务也是成年子女必须履行的义务，属于法定义务，成年子女若不赡养父母，父母有要求成年子女给付赡养费的权利，父母可向人民法院起诉。

《民法典》第一千零六十七条规定："父母不履行抚养义务的，未成年子女或者不能独立生活的成年子女，有要求父母给付抚养费的权利。"

《民法典》第一千零六十八条是父母对未成年子女的保护和教育的规定，这既是父母的一项权利，也是父母的一项义务。保护是指父母应当对未成年子女的人身、财产和其他合法权益，有预防和排除来自外界危害的权利和责任；教育是指父母按照法律和道德规范的要求，对未成年子女进行管理和必要的约束。这是基于未成年子女因年龄和智力发展的限制，对外界事物的认识不够全面所致。

《民法典》第一千零六十八条规定："父母有教育、保护未成年子女的权利和义务。未成年子女造成他人损害的，父母应当依法承担民事责任。"

当未成年子女侵犯他人合法权益，造成他人损害时，父母应当承担民事责任。若父母尽了监护责任的，可适当减轻父母的赔偿责任；若未成年子女有财产，赔偿责任应当先从本人财产中支付，不足部分，父母承担补充责任。

《民法典》第一千零六十九条是对子女尊重父母婚姻权利的规定，因婚姻法的基本原则之一是婚姻自由，故父母享有离

《民法典》第一千零六十九条规定："子女应当尊重父母的婚姻权利，不得干涉父母离婚、再婚以及婚后的生活。子女对父母的赡养义务，不因父母的婚姻关系变化而终止。"

《民法典》第一千零七十条规定："父母和子女有相互继承遗产的权利。"

《民法典》第一千零七十一条规定："非婚生子女享有与婚生子女同等的权利，任何组织或者个人不得加以危害和歧视。不直接抚养非婚生子女的生父或者生母，应当负担未成年子女或者不能独立生活的成年子女的抚养费。"

《民法典》第一千零七十三条规定："对亲子关系有异议且有正当理由的，父或者母可以向人民法院提起诉讼，请求确认或者否认亲子关系。对亲子关系有异议且有正当理由的，成年子女可以向人民法院提起诉讼，请求确认亲子关系。"

婚自由和再婚自由的权利，子女对于父母离婚、再婚以及婚后的生活应予以尊重，不得强制和干涉。同时父母选择离婚和再婚，并不是成年子女拒绝履行对父母赡养义务的理由，子女对于父母的赡养义务不因父母婚姻关系的变化而改变。

《民法典》第一千零七十条是对父母子女之间相互享有继承权的规定，同时《民法典》第一千一百二十七条还规定，父母子女都是第一顺序的法定继承人。

《民法典》第一千零七十一条是对非婚生子女权利的规定。非婚生子女是指没有婚姻关系的男女所生的子女，但是并不能因非婚生而受到歧视。这是符合当代维护儿童合法权益的基本要求，确立了与婚生子女享有同等的法律地位，同时对于非婚生子女，其生父或生母应尽到其亲权上的法定义务，负担未成年子女或不能独立生活的成年子女的抚养费。

《民法典》第一千零七十三条是对否认亲子关系的规定。否认亲子关系也可以理解为婚生子女否认，是当事人享有否认婚生子女为自己亲生子女的诉讼请求权的制度。否认婚生子女的前提是婚生子女推定，即子女系生母在婚姻关系存续期间受孕或出生，该子女被法律推定为生母和生母之夫的子女，而婚生子女否认是对婚生子女推定的一种限制。建立婚生子女否认制度，是为了保护当事人的合法权益及子女的利益，避免应尽义务的人逃避抚养责任，体现法律的公平正义。

婚生子女否认权的构成要件包括：（1）婚生子女否认的权利人必须适格；（2）须有婚生子女的推定；（3）须有否认婚生子女的客观事实。法院审查确认该子女的非婚生性，即可否认亲子关系，父亲（否认一般是由丈夫提出）与该子女的权利义务关系不复存在。

（七）离婚、冷静期、感情破裂的认定

离婚是夫妻双方生存期间依照法定的条件和程序解除婚姻关系的民事法律行为。在我国离婚分为非诉讼离婚（登记离婚）与诉讼离婚两种。**我国始终坚持离婚自由原则，在保障该原则的前提下，也反对轻率离婚**，主要是考虑到离婚关系到家庭、子女和社会的利益，离婚自由并不是完全的自由，必须符合法定条件，履行法定程序。

《民法典》第一千零七十六条是登记离婚的规定。登记离婚也称行政程序离婚、非诉讼离婚，是指夫妻双方一致同意离婚，并就与离婚有关问题全面达成协议时，婚姻当事人双方亲自到婚姻登记机关共同申请离婚，符合条件即批准解除婚姻关系的法律制度。登记离婚的基础是合意离婚，直接依据当事人的离婚协议，登记离婚须进行登记方可发生法律效力，解除婚姻关系。同时因我国坚持离婚自由原则，办理登记离婚的行政机关只进行形式上的审查。

《民法典》第一千零七十六条规定："夫妻双方自愿离婚的，应当签订书面离婚协议，并亲自到婚姻登记机关申请离婚登记。离婚协议应当载明双方自愿离婚的意思表示和对子女抚养、财产以及债务处理等事项协商一致的意见。"

《民法典》第一千零七十七条规定："自婚姻登记机关收到离婚登记申请之日起三十日内，任何一方不愿意离婚的，可以向婚姻登记机关撤回离婚登记申请。前款规定期限届满后三十日内，双方应当亲自到婚姻登记机关申请发给离婚证；未申请的，视为撤回离婚登记申请。"

因我国对登记离婚的限制比较少，离婚比较方便，这在一定程度上不利于维护家庭稳定、保护好子女利益，规定"离婚冷静期"符合我国反对轻率离婚的基本精神，设置离婚冷静期也是一次善意提醒，提醒大家谨慎行使权利，激发对婚姻家庭的责任心。

这是《民法典》对于"离婚冷静期"新增的条款。离婚冷静期又称离婚熟虑期，是指在离婚自由原则下，婚姻双方当事人申请自愿离婚，在婚姻登记机关收到该申请之日起一定期限内，任何一方都可撤回离婚申请、终结登记离婚程序的冷静思考期间。**离婚冷静期与登记离婚程序具有较高契合性，能够有效缓和因双方冲动导致的协议离婚。**

人民法院审理离婚案件，应当进行调解；如果感情确已破裂，调解无效的，应当准予离婚。这是我国人民法院判决离婚的法定理由，也是人民法院处理离婚纠纷的基本原则，包含两层含义：一是如夫妻感情确已破裂，调解无效，应准予离婚；二是如夫妻感情没有破裂或尚未完全破裂，虽调解无效，也不应准予离婚，即法院在处理离婚案件的时候是以夫妻感情事实上是否破裂为根据。

《民法典》规定，"有下列情形之一，调解无效的，应当准予离婚：（一）重婚或者与他人同居；（二）实施家庭暴力或者虐待、遗弃家庭成员；（三）有赌博、吸毒等恶习屡教不改；（四）因感情不和分居满二年；（五）其他导致夫妻感情破裂的情形"。

（八）抚养与探望

按照我国法律规定，父母离婚不影响父母子女之间的权利义务关系，因为夫妻关系与父母子女关系是两种不同性质的关系，前者是基于自愿依法缔结的婚姻关系，它是依法定条件和程序而成立，也可以依法解除，但是后者父母子女关系是基于出生而发生的自然血亲关系，并不可以人为解除。

离婚导致夫妻之间婚姻关系的解除，带来的问题是未成年子女无法再继续与父或母共同生活，须解决随哪一方生活的问题，**未成年子女随哪一方共同生活，哪一方就是直接抚养人，但未直接抚养一方对未成年子女仍有教育和保护的义务，不得以未直接抚养为由拒绝支付抚养费。**

离婚后子女抚养的规则是：（1）不满两周岁的子女，原则上是由母亲直接抚养；（2）已满两周岁不满八周岁的，原则上是先协商，发生争议的，人民法院根据最有利于子女的原则和双方的具体情况判决；（3）已满八周岁的子女，作为限制行为能力人，已经有自己的辨别能力，会有自己的选择，故应当尊重其真实的意愿。

探望权也称为探视权，是指未与子女共同生活的离婚父母一方依法享有定期看望子女并与之保持正常联络的权利，该制度保障了未成年子女在父母离婚后能够继续得到父母双方照顾，减少父母离婚对未成年子女的负面影响。《民法典》第一千零八十六条是对于不直接抚养子女的父或母享有探视权的规定。探视权是法定权利，与直接抚养权同时成立，探望的时间、方式，由当事人协商确定，协商不成，由人民法院判决。同时为了保护未成年子女的身心健康，若出现不利于未成年子女身体、精神、道德或感情的健康情况发生时，法院可以判决探视权在一定时间内中止行使，待中止事由消失后，被中止的探视权应予以恢复。

（九）离婚财产分割和离婚救济

离婚时财产分割处理的规则是：（1）由双方协商处理，达成协议的，应写在离婚协议里，留存婚姻登记机关；（2）协商不成的，由人民法院根据财产的具体情况予以分割，在分割的时候照顾子女、女方和无过错方的权益。

为提升家务贡献补偿制度的救济功能，实现离婚的公平正义，促进性别平等，《民法典》第一千零八十八条规定，"夫妻一方因抚育子女、照料老年人、协助另一方工作等负担较多义务的，离婚时有权向另一方请求补偿，另一方应当给予补偿。具体办法由双方协议；协议不成的，由人民法院判决"。这是对家务劳动补偿的规定，承认家务劳动的价值，允许付出方提出经济补偿，实则是保护家庭生活中承担

《民法典》第一千零八十七条规定："离婚时，夫妻的共同财产由双方协议处理；协议不成的，由人民法院根据财产的具体情况，按照照顾子女、女方和无过错方权益的原则判决。对夫或者妻在家庭土地承包经营中享有的权益等，应当依法予以保护。"

主要家务劳动的女性。在现代社会，随着女性地位的提高和家庭观念的变化，更多女性有社会工作，但承担家务劳动的格局并未改变，女性成为社会劳动和家务劳动的双重负担者。家务劳动补偿，是对家务贡献者遗失利益的补偿。这项制度是尊重家务劳动价值，平衡夫妻经济利益的必然要求，凸显了权利与义务相一致的精神。

经济补偿数额，应由双方协议确定，协议不成的，向人民法院起诉，由人民法院判决，法官应当结合当地的经济生活水平、婚姻关系存续时间、一方对家庭所作的贡献、另一方的经济能力等因素，尽量公平合理地进行裁决。

离婚救济是为了消除当事人离婚后的生活顾虑，保护当事人中的经济弱者，这是在保障离婚自由原则的同时，也能够实现保护弱者利益的社会正义。离婚时，原配偶的一方如果生活困难，有负担能力的一方应当予以适当帮助。适当帮助不同于补偿，补偿通常是一次性的义务，而适当帮助是共同财产分割后一方在存在生活困难的情况下，发生的经济帮助义务。

《民法典》第一千零九十条规定："离婚时，如果一方生活困难，有负担能力的另一方应当给予适当帮助。具体办法由双方协议；协议不成的，由人民法院判决。"

（十）收养

收养是变更亲属关系的重要民事法律

行为，涉及当事人的人身、财产关系，关系到儿童权利、社会公德和国家计划生育的实施。《民法典》中关于收养的条文规定是调整养父母与养子女之间拟制血亲关系的法律规范。

收养关系的成立除了具备当事人合意的基本条件外，根据我国《民法典》的规定，还须具备法定的其他条件，即成立收养时的实质条件，依法履行法定的程序手续，即成立收养时的形式条件，同时符合这些实质条件和形式条件的收养关系方能合法成立。

收养关系成立的实质条件包括被收养人的条件、送养人的条件、收养人应具备的条件。《民法典》承继《中华人民共和国收养法》的相关规定，对收养三代以内同辈旁系血亲的子女、华侨收养三代以内旁系同辈血亲的子女、收养孤儿、残疾未成年人或者儿童福利机构抚养的查找不到生父母的未成年人、收养继子女的这些特殊收养情形，适当放宽收养的条件。这是基于收养主体关系身份的多样性，从有利于收养关系和家庭关系的正常发展的需求出发。

《民法典》第一千零九十三条规定，可以被收养的未成年人为：（一）丧失父母的孤儿；（二）查找不到生父母的未成年人；（三）生父母有特殊困难无力抚养的子女。

第六课

继承编

一、本编要义

（一）继承编的调整对象和基本原则

继承编调整因自然人死亡而发生的财产继承关系。这种关系不仅包括法定继承所发生的遗产移转关系，也包括遗嘱继承所发生的遗产移转关系，还包括其他方式如遗赠、遗赠抚养协议、无人承受的遗产处理等等所发生的遗产移转关系。

继承编的基本原则是财产继承必须遵循的普遍适用的准则。继承编的基本原则包括：保护公民私有财产继承权、继承权平等、权利义务相一致、养老育幼四项基本原则。

（二）继承编的新内容

继承编新增的内容主要包括：增设了遗产管理人制度；明确并扩大了遗赠扶养协议的扶养人范围；完善了债务清偿、缴纳税款规则；新增了打印、录音、录像等新的遗嘱形式，删除了公证遗嘱效力优先的规定。

二、必读内容

（一）继承开始的时间及死亡先后的推定

《民法典》第一千一百二十一条是对继承开始时间及死亡先后推定作出规定。

继承开始的时间是被继承人死亡的时间。死亡分为两种，即自然死亡和宣告死亡。在我国，自然死亡时间的确定，是以脑死亡或脑死亡加呼吸停止和心脏脉搏停止的时间为生理死亡时间。医院死亡证书上记载自然人死亡时间的，以死亡证书中记载的为准，户籍登记册中记载自然人死亡时间的，以户籍登记为准，死亡证书和户籍登记册记载不一致的，应当以死亡证书登记的为准。相互有继承关系的数人在同一事件中死亡的，如果不能确定死亡时间，因各死亡人的死亡时间关系到继承人的利益，因此本条确定的规则是：推定没有其他继承人的人先死亡；都有继承人的，辈分不同的，推定长辈先死亡，辈分相同的，推同时死亡，相互不发生继承。

（二）继承权的丧失和恢复

继承权的丧失，又称为继承权的剥夺，是指继承人对被继承人或其他继承人犯有某种罪行或者不法行为等法定事由，从而剥夺继承被继承人遗产的权利。

继承权的恢复是指被继承人在情感上对继承人的故意或过失行为的谅解和宽恕，表达被继承人对继承人继承身份或资格的再次认可，恢复继承人的继承权。继承权的恢复作为被继承人的单方意思表示，不需要继承人作出任何意思表示便产生法律效力。

（三）法定继承人的范围及继承顺序

法定继承又称为无遗嘱继承，是指继承人的范围、继承条件、遗产分配原则和继承顺序等均由法律直接规定的一种继承方式。法定继承的特征之一是法定强制性。在法定继承中，不仅继承人的范围是法律直接规定的，而且继承人的继承条件、继承顺序等均由法律直接进行明确规定，同时这种法定性也决定了其强制性，除非法律有特别规定，任何人不能以任何

《民法典》第一千一百二十五条规定，丧失继承权的法定事由包括：故意杀害被继承人；为争夺遗产而杀害其他继承人；遗弃被继承人，或者虐待被继承人情节严重；伪造、篡改、隐匿或者销毁遗嘱，情节严重；以欺诈、胁迫手段迫使或者妨碍被继承人设立、变更或者撤回遗嘱，情节严重。

《民法典》第一千一百二十七条规定，第一顺序法定继承人：配偶、子女、父母。其中子女包括婚生子女、非婚生子女、养子女和有扶养关系的继子女；父母，包括生父母、养父母和有扶养关系的继父母；第二顺序法定继承人：兄弟姐妹、祖父母、外祖父母。其中兄弟姐妹，包括同父母的兄弟姐妹、同父异母或者同母异父的兄弟姐妹、养兄弟姐妹、有扶养关系的继兄弟姐妹。

方式加以变更。

继承开始后，由第一顺序继承人开始继承，在没有第一顺序继承人的情况下，才能由第二顺序继承人继承。

（四）遗嘱继承

遗嘱是自然人生前按照法律规定的方式，对其个人财产及财产相关的其他事务进行预先的处分，并于其死后发生法律效力的一种民事法律行为。遗嘱继承的法律特征是：（1）单方的民事法律行为。遗嘱只要求遗嘱人依法通过合法有效的意思表示，无须相对人给予积极的一致的意思表示，无须征求相对人的同意。（2）遗嘱是财产处分行为，现代意义上的继承是财产继承。（3）遗嘱是死因法律行为。遗嘱虽是遗嘱人生前根据自己的意思表示设立的，但是只有在其死后才发生法律效力。（4）遗嘱是要式法律行为。遗嘱的订立必须符合一定的形式要求。《民法典》在原有自书遗嘱、代书遗嘱、口头遗嘱、公证遗嘱的基础上，又新增了打印遗嘱和录音录像遗嘱。

在遗嘱继承中，自然人可以依据《民法典》的规定，用立遗嘱的方法，处分个人死后的遗产，并且指定遗嘱执行人，由遗嘱执行人执行自己的遗愿，也可以指定将自己的财产交由某个法定继承人继承，或者设立遗嘱将财产交由国家、集体或者法定继承人以外的组织和个人。

《民法典》删除了继承法公证遗嘱优先规定，故遗嘱形式不存在效力上的差别。

（五）遗嘱的撤回、变更以及遗嘱效力顺位

遗嘱的撤回是指遗嘱人在订立遗嘱后又通过一定的方式取消了原来所立的遗嘱。遗嘱的变更是指在遗嘱设立后，遗嘱人依法改变其原

先订立的遗嘱的部分内容，未修改的遗嘱内容仍然有效。

遗嘱人立有数份遗嘱，内容相抵触的，应当视为后设立的遗嘱取代或者变更了原先设立的遗嘱，后设立的遗嘱内容有效。

（六）遗赠

遗赠是自然人以遗嘱方式将其个人财产赠与国家、集体或者法定继承人以外的自然人，而于其死后发生法律效力的单方民事法律行为。

遗赠必须具备一定条件才发生效力：（1）遗赠人须有遗嘱能力。无民事行为能力人、限制民事行为能力人所立的遗嘱无效。（2）遗赠人意思表示真实。遗赠人所立遗嘱应在未受胁迫、欺诈的情况下订立，否则由于其表意自由受到限制，自然不产生法律效力。（3）遗赠人所立的遗嘱须符合法定形式。（4）遗赠不得侵犯胎儿的预留份和特定人员必留份。这是为了保护胎儿和缺乏劳动能力又没有生活来源的继承人的合法权益。（5）受赠人必须是法定继承人以外的人，若是法定继承人以内的人，则不产生遗赠的法律效力，而构成了实际上的遗嘱继承。（6）遗赠人死亡。遗赠是死后生效的单方法律行为，若遗赠人未死亡，遗赠人可以对遗嘱内容进行变更，故只有在遗赠人死亡前尚未变更的遗赠内容才能产生遗赠的效力。

（七）遗产管理人

订立遗嘱的自然人可以指定遗嘱执行人，若其指定了遗嘱执行人，则继承开始时，遗嘱执行人为遗产管理人。若其未指定遗嘱执行人，则遗产管理人的产生方式与法定继承相同。发生法定继承时，继承人应当及时推选遗产管理人，继承人未推选的，由继承人共同担任遗产管理人。没有继承人或者继承人均放弃继承的，由被继承人生前住所地的民政部门或者村民委员会担任遗产管理人。既有遗嘱继承又有法定继承时，遗产管理人的确定应先判断是否有遗嘱执行人，若有，则遗嘱执行人为遗产管理人；若无，则根据法定继承的方式确定。对遗产管理人的确定有争议的，利害关系人可以向人民法院申请指定遗产管理人。

遗产管理人职责包括：（1）清理遗产并制作遗产清单；（2）向继承人报告遗产情况；（3）采取必要措施防止遗产毁损、灭失；（4）处理被继承人的债权债务；（5）按照遗嘱或者依照法律规定分割遗产；（6）实施与管理遗产有关的其他必要行为。

遗产管理人在故意或重大过失状态下造成继承人、受遗赠人、债权人损害的，应当承担民事责任。

遗产管理人可以依法依约获得报酬。遗产管理人为遗嘱执行人时，若遗嘱中明确遗嘱执行人的报酬，则根据遗嘱内容向遗产管理人支付报酬。若遗嘱中未明确报酬，继承人可约定遗产管理人的报酬；遗产管理人为推选或继承人共同担任时，继承人可约定遗产管理人的报酬。

（八）无人继承遗产的归属

遗产无人继承又无人受遗赠的情形发生的原因主要有：死者无法定继承人、遗嘱继承人或者遗赠受领人，生前也未订立遗赠扶养协议；全体法定继承人、遗嘱继承人放弃继承权和全体受遗赠人放弃受遗赠；全体法定继承人、遗嘱继承人丧失继承权和全体受遗赠人丧失受遗赠权，又无其他继承人的。无人继承又无人受遗赠的遗产，归国家所有，用于公益事业。死者生前是集体所有制组织成员的，归所在集体所有制组织所有。

（九）被继承人生前债务的清偿

根据概括继承原则，当继承人表示接受被继承人遗产时，不仅取得了被继承人生前所享有的财产权利，同时也要继承被继承人生前负担的债务。被继承人生前债务，是指被继承人生前以个人名义欠下的，完全用于被继承人个人需要或其他依法应当由其个人承担清偿责任的债务。

遗产在分割前，应当先清偿债务，遗产债务的清偿的顺序是：一是遗产管理费；二是应缴纳的税款；三是被继承人生前所欠的债务。对于继承人以外的依靠被继承人扶养的缺乏劳动能力又没有生活来源的人，即使遗产不足以清偿上述债务，也应当保留适当的份额。

限定继承，是指继承人附加限制条件接受被继承人全部遗产的意思表示，继承人只对被继承人生前所欠债务负有以其所继承被继承人的遗产为限承担清偿责任，对超出部分不负清偿责任。

法定继承、遗嘱继承和遗赠同时存在时，首先由法定继承人清偿被继承人依法

《民法典》第一千一百六十一条规定："继承人以所得遗产实际价值为限清偿被继承人依法应当缴纳的税款和债务。超过遗产实际价值部分，继承人自愿偿还的不在此限。继承人放弃继承的，对被继承人依法应当缴纳的税款和债务可以不负清偿责任。"这是对限定继承的规定。

应当缴纳的税款和债务；其次，若被继承人依法应当缴纳的税款和债务数额超过法定继承遗产实际价值，再由遗嘱继承人和受遗赠人按比例以所得遗产进行清偿。

侵权责任编

一、本编要义

（一）侵权责任编的调整对象和立法宗旨

侵权责任编调整因侵害民事权益产生的民事关系。其立法宗旨是保护民事主体的合法权益，明确侵权责任，预防并制裁侵权行为，促进社会和谐稳定。

侵权责任，是民事主体侵害他人民事权益应承担的法律后果。根据《民法典》第一千一百六十五条、一千一百六十六条的规定，以承担责任是否以行为人有过错为条件，侵权责任可以分为过错责任和无过错责任。所谓过错责任，就是行为人承担民事责任的前提是有过错。所谓无过错责任，就是法律明确规定在特殊类型情形下行为人应当承担责任，与其是否具有过错无关。

要判断行为人是否构成侵权，就要看其是否满足侵权的所有构成要件。在过错责任中，通说构成要件为四要件，即违法行为、主观过错、损害后果、因果关系。而在无过错责任中，因行为人承担责任不以过错为前提，所以其构成要件为三要件，即违法行为、损害后果、因果关系。所谓过错是指侵权人在实施侵权行为时对于损害后果的主观心理状态，包括故意和过失。而确定行为与结果之间有无因果关系，要依行为时的一般社会经验和知识水平作为判断标准，认为该行为有引起该损害结果的可能性，而在实际上该行为又确实引起了该损害结果，则两者之间具有因果关系。

（二）侵权责任编的新内容

此次《民法典》的侵权责任编是以《侵权责任法》为基础，吸收借鉴了一些最高人民法院司法解释的相关规定以及审判实践中一些成熟经验，并针对社会关注度较高的问题设计了新的规则。因《侵权责任法》实施至今仅十年，时间间隔较短、立法技术也相对成熟，所以此次侵权责任编总体来说改动不大。侵权责任编从第一千一百六十四条至一千二百五十八条，总计九十五条，从篇幅来看，没太大变化。从章节的排列来看，将原《侵权责任法》第一、二、三章的一般规定、责任构成和责任方式、不承担责任和减轻责任的情形进行了合并，形成了现在新的第一章的一般规定以及第二章损害赔偿。其余章节的排列，与《侵权责任法》并无两样。从条文上来看，增加的条文有十多条，文字修改的有三十多条，当然也删除了一些在《民法典》总则编部分已经作出规定的内容。

从新增加的条文来看，增加了很多与时俱进的内容，充分体现出《民法典》呼应了时代发展的需要，也实现了习总书记"有利于更好地维护人民权益，不断增强人民群众获得感、幸福感和安全感"的要求。尤其是针对人民群众关注的社会热点问题，侵权责任编中增加了对自甘冒险、自助行为、好意同乘、高空抛物等行为的责任规则，一方面保护了受害人的权益，另一方面也更明晰责任，为弘扬社会主义法治精神、推进社会主义法治进程贡献力量。

二、必读内容

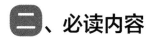

（一）自甘冒险原则

第一千一百七十六条是此次《民法典》新增加条款，也是社会公众十分关注的条款，即自甘冒险原则，也叫自甘风险原则。

所谓自甘冒险，是指受害人可以预见损害可能发生而又自愿冒损害发生之危险，而损害结果真不幸发生的情形，即受害人事先了解为某项行为可能伴随着风险、损失或事故，但仍自愿为此行为，并同意自行承担可能的后果。

此前，在《民法通则》《侵权责任法》以及相关的司法解释中均没有自甘冒险的规定。但是在审判实践中，适用自甘冒险的情形大量存在，并且相关案例并不鲜见。**最为典型的是体育活动中发生人身伤害，法院在裁判中适用自甘冒险理论，减轻或者免除行为人的赔偿责任。**当然，行为人如果是故意或者具有重大过失的，则属于除外情形，不能免责或者减责。再

《民法典》第一千一百七十六条规定："自愿参加具有一定风险的文体活动，因其他参加者的行为受到损害的，受害人不得请求其他参加者承担侵权责任；但是，其他参加者对损害的发生有故意或者重大过失的除外。活动组织者的责任适用本法第一千一百九十八条至一千二百零一条的规定。"

如，**户外活动中，特别是一些带有一定探险性质的旅游活动，"驴友"组团去一些相对比较危险的地方探险旅游，也有适用自甘冒险原则的实践经验。**

此次《民法典》新增加了自甘冒险原则，对于促进大中小学积极开展文体活动，提高广大青少年乃至全民族身体素质均有一定积极意义。当然作为新规定的原则，对其适用范围作了一定的限缩，以防止原则被滥用，这还是非常必要的。所以，本条明确限定了自甘冒险的适用范围为"自愿参加具有一定风险的文体活动"，而非一切社会活动。**例如，三五好友相约喝酒，喝出生命安全问题，则不能适用自甘冒险原则。**因为，从立法初衷来看，设置自甘冒险原则，鼓励的是组织、参加积极的又略带有一定风险的活动。而相约喝酒，并最终导致人身伤害，不应属于这类文体活动。

自甘冒险行为的构成要件包括：一是所从事的行为具有不确定的危险，即从事的行为具有导致冒险行为人遭受损害的可能性。二是冒险行为人对于危险和可能的损害有预见或认知。这种危险和损害，应当以普通人参加这项活动都能预见或者认知为限，如果超出了这个范围，一般不能仅以自甘冒险为由，让受害人自担损失。三是行为人主观上自愿参加。四是自甘冒险的适用范围应当限定在活动的参与者当中。**这也要依相应的社会日常生活经验法则来判断，如在体育活动中，发生在运动员、裁判员等参加者之间的损害可以适用自甘冒险原则，但对观众造成的损害不宜包括在内。**

需要特别说明的是，本条规定了"其他参加者对损害的发生有故意或者重大过失的除外"的但书规定。应注意两点：一是其他参加者对损害的发生有故意或者重大过失，才需承担责任。从文义理解，其他参加者的责任仅限于此，不包括一般的过错行为造成损害发生的情形。二是这里的因重大过失或者故意而承担责任的人仅限于活动的参加者，而不包括组织者、管理者。组织者、管理者承担责任应当适用本条第二款的规定，也就是说不能限定在组织者、管理者只有故意或者重大过失时才承担侵权责任，其具有一般过错时也要承担侵权责任。

（二）自助行为

《民法典》第一千一百七十七条也是新增加的内容，称之为自助行为，是与公力救济相对应的私力救济，也就是通过一己之力来保护自身权益。正是因为是私力救济，为防止此项权利被滥用，立法者给自助行为设置了很多限制。从文义理解，一是必须是合法权益受到侵害；二是情况紧迫；三是不能及时获得国家机关保护；四是不立即采取措施将使其合法权益受到难以弥补的损害；五是只能在保护自己合法权益的必要范围内；六是采取的措施必须合理；七是采取措施后还要立即请求国家机关处理。并且本条第二款还明确受害人采取措施不当造成他人损害的，还应当承担侵权责任。也就是说，如果措施不当，就有可能从受害人转为侵权人。可

《民法典》第一千一百七十七条规定："合法权益受到侵害，情况紧迫且不能及时获得国家机关保护，不立即采取措施将使其合法权益受到难以弥补的损害的，受害人可以在保护自己合法权益的必要范围内采取扣留侵权人的财物等合理措施；但是，应当立即请求有关国家机关处理。受害人采取的措施不当造成他人损害的，应当承担侵权责任。"

见，立法者对于自助行为还是持谨慎态度的。

在《民法典》中，除了自助行为外，还有两处规定了私力救济。一是《民法典》第一百八十一条"正当防卫"；二是《民法典》第一百八十二条"紧急避险"。这三者都属于自力救济，但是有一定的区别。所谓正当防卫，是指行为人为了保护社会公共利益、自身或者他人的合法权益免受正在进行的紧迫侵害，针对这一非法侵害，在必要限度内采取的防卫措施。所谓紧急避险，是指为了使公共利益、自身或者他人的合法利益免受更大的损害，在不得已的情况下采取的造成他人少量损失的紧急措施。

例如，甲在饭店吃饭，吃罢就要走人，乙是饭店的老板，看到后出门追甲，一把拽下甲的包，予以扣留。之后又报了警。这就是典型的自助行为。同样是甲在乙的饭店吃饭，与邻桌的丙发生了冲突，然后丙抄起啤酒瓶就要砸过来，甲为了躲闪丙的啤酒瓶，往边上一躲，撞倒了饭店的装饰品。这就是典型的紧急避险。再如，甲、乙两人发生冲突，乙掐住甲的喉咙，边上的丙为了救甲，将乙的手扭过来，导致了乙骨折，这就是正当防卫。

从上述三个案例中，即可知道自助行为与正当防卫、紧急避险存在一定的区别：其一，在实施主体上，正当防卫、紧急避险的实施主体可以是被侵权人本人，也可以是第三人，而自助行为的实施主体只能是权利人本人。其二，在保护对象上，正当防卫、紧急避险保护的对象范围较广，包括被侵权人自身的利益、国家利益、社会公共利益甚至是他人的利益，而自助行为保护的只能是行为人自身的合法利益。其三，在性质上，正当防卫、紧急避险是一种消极被动的防御性的行为，而自助行为是一种积极的进攻性的行为。其四，在行使条件上，自助行为更为苛刻，要求是不能及时获得公权力救济才得以私力救济，而正当防卫、紧急避险并无此要求。

（三）损失赔偿计算方式

　　第一千一百八十二条与《侵权责任法》相比作了一个重大调整，《侵权责任法》第二十条规定侵权人的损害赔偿依据是有先后顺序的。应当先考量的是被侵权人受到的损失，在损失难以确定时，才考虑侵权人因侵权行为的获利。此次《民法典》第一千一百八十二条调整为将选择权给予了被侵权人，由被侵权人选择或者按照被侵权人受到的损失，或者按照侵权人获得的利益。如此规定，虽然与我们传统的赔偿原则即填平损失原则相比有一定突破，但更有利于强化侵权法的预防功能。对于被侵权人来说，以何标准主张损失，就可以有两重考虑。一是从举证角度考虑，是举证自己损失便利还是举证对方获益便利。当然举证对方的获益也很困难，尤其是一些关键证据可能由对方持有。对此，被侵权人可以根据最高人民法院《关于适用〈中华人民共和国民事诉讼法〉的解释》第一百一十二条，最高人民法院《关于民事诉讼证据的若干规定》第四十五条，要求对方将持有的证据予以公

《民法典》第一千一百八十二条规定："侵害他人人身权益造成财产损失的，按照被侵权人因此受到的损失或者侵权人因此获得的利益赔偿；被侵权人因此受到的损失以及侵权人因此获得的利益难以确定，被侵权人和侵权人就赔偿数额协商不一致，向人民法院提起诉讼的，由人民法院根据实际情况确定赔偿数额。"

开。二是从结果利益考虑，就是以自身损失还是对方获利为标准，能获得的赔偿金额更多。**比较典型的是在人格权侵权里，例如明星的肖像权纠纷，厂家擅自使用明星的肖像，被侵权人举证自己的损失通常有一定的难度，这也是这类案件判决标准都不高的原因之一。**例如上海市第一中级人民法院曾判决过周星驰肖像权、姓名权纠纷一案，虽然周星驰主张金额高达 3000 余万元，但最终法院判决的金额仅为 50 万元。但是依据本条规定，被侵权人既可以举证因为被代言，导致其与正常签约公司形成违约产生了财产损失等自身的损失，也可以举证商家因为使用了明星的肖像，获得了更多的利润，也就是获得了更多利益，由此应当进行赔偿。**还有之前闹得沸沸扬扬的山东女子被冒名顶替上大学的事件，像这类纠纷一旦引起诉讼，也可以用《民法典》第一千一百八十二条的规定。在举证自身受到的损失存在困难或者不确定性的前提下，可以要求按照这些冒名上大学的人因此获得更多的劳动报酬来主张赔偿。**当然，这当中还可能会涉及早就知道被冒名顶替上大学而没有主张是否诉讼时效已过的问题，以及怠于进行权利救济对于扩大的损失能否再主张的问题。

（四）精神损害赔偿

《民法典》第一千一百八十三条有两款，与《侵权责任法》第二十二条相比，第一款作了文字调整，将他人修改为自然人，更为严谨。突出了精神损害赔偿请求权是专属于自然人的权利，法人没有这项权利。第二款是新增加的条文，源自最高人民法院《关于确定民事侵权精神损害赔偿责任若干问题的解释》第四条的规定。

精神损害赔偿原则上仅针对人身损害，如果仅仅是对物的损害，一般不会造成所有权人的精神损害。但是实践中，有一些物的损害，会导致所有权人强烈的精神痛苦。最为典型的是饲养的宠物，虽然主人将宠物视为家庭成员，有的甚至于情感深度超过了自己的子女，但是在法律上，宠物只是一个物，而不能真的等同于人。**然而养过宠物的人都知道，很多主人与宠物之间的感情，绝不亚于与自己的亲属间的感情，一旦失去，了无生趣，造成极大的精神痛苦。这就符合本条侵害自然人具有人身意义的特定物造成严重精神损害的，可以向对方主张精神损害赔偿。还有，例如一些有纪念意义的照片、录像等，具有不可复制性，一旦毁损，对所有人来说也是遗憾终生，当然也就会带来一定的精神痛苦。**

《民法典》第一千一百八十三条分两款规定："侵害自然人人身权益造成严重精神损害的，被侵权人有权请求精神损害赔偿。""因故意或者重大过失侵害自然人具有人身意义的特定物造成严重精神损害的，被侵权人有权请求精神损害赔偿。"

（五）公平分担损失原则

《民法典》第一千一百八十六条与《侵权责任法》第二十四条比较，作了一定的修改。将原来的根据实际情况来分担损失，修改为依照法律的规定，大大限缩了公平分担损失原则的适用范围。

《民法典》第一千一百八十六条规定："受害人和行为人对损害的发生都没有过错的，依照法律的规定由双方分担损失。"

实践中，经常会遇到在意外事件中，确实有一方因为对方的行为遭受到了伤害，但是并没有任意一方有过错，需要承担侵权责任。如果让受害人自担损失，却又很不公平。在此情形下，就可以运用公平分担损失原则来平衡双方的利益。公平分担损失原则的适用条件：一是行为人有行为；二是受害人有损害；三是行为人的行为与受害人的损害之间有因果关系；四是行为人与受害人均对损害的发生没有过错；五是有法律的特别规定。

此次《民法典》第一千一百八十六条之所以要限缩公平分担损失原则适用的范围，与实践中该原则有被滥用的现象有直接的关系。**最常见的在校学生进行体育活动时，发生意外，学校、学生都没有过错，最后让学校承担公平分担损失责任。再如 2017 年河南医生杨帆电梯内劝阻老人抽烟，老人未能控制自身情绪，心脏病突发死亡，家属遂诉至法院，向杨帆主张 40 余万元的赔偿。**一审法院就适用了《侵权责任法》第二十四条，即公平分担损失原则让杨帆补偿死者家属 1.5 万元。死者家属上诉，**最终二审法院认为老人电梯内吸烟本就是违法行为，杨帆劝阻老人吸烟的行为未超出必要限度，属于正当劝阻，没有侵害老人生命权的故意或者过失，本身也不会造成老人死亡的结果。**最终改判，驳回了原告的诉讼请求。这一案件被最高人民法院评为了"推动法治进程十大案件"。

此次《民法典》第一千一百八十六条修改为"依照法律的规定"，以现行法律来看，符合此条规定的主要有：《民法典》第一百八十二条第二款紧急避险中，危险由自然原因引起的，紧急避险人不承担民事责任，可以给予受害者适当补偿；《民法典》第一百八十三条见义勇为中，没有侵权人、侵权人逃逸或者无力承担民事责任，受害人请求补偿的，受益人应当给予适当补偿；《民法典》第一千一百九十条第一款，完全民事行为能力人对自己的行为暂时没有意识或者失去控制造成他人损害有过错的，应当承担侵权责任；没有过错的，根据行为人的经济状况对受害人适当补偿。应当说适用空间还是非常有限的，当然对于意外事件中，当事人均没有过错，又超出了可预见危险、可承受损失范围的，是否仍然可以适用公平分担损失原则，在当事人之间平衡利益，将会是裁判者面临的一道难题。

（六）责任主体的特殊规定

1. 监护责任和委托监护责任

《民法典》第一千一百八十八条、第一千一百八十九条构成了完整的监护责任，其中第一千一百八十八条与《侵权责任法》一致，对于一般的监护责任作出了规定。第一千一百八十九条是新增加的条款，参考了最高人民法院《关于贯彻执行〈中华人民共和国民法通则〉若干问题的意见（试行）》第二十二条的规定，增加了委托监护情形下的责任承担。

《民法典》第一千一百八十八条规定了一般监护责任，即被监护人造成他人损害的，由监护人承担侵权责任。这里的被监护人，包括八周岁以下的无民事行为能力人、八周岁以上十八周岁以下的限制民事行为能力人（十六周岁以上十八周岁以下，以自己的劳动收入为主要生活来源的除外）、不能辨认以及不能完全辨认自己

《民法典》第一千一百八十八条分两款规定："无民事行为能力人、限制民事行为能力人造成他人损害的，由监护人承担侵权责任。监护人尽到监护职责的，可以减轻其侵权责任。""有财产的无民事行为能力人、限制民事行为能力人造成他人损害的，从本人财产中支付赔偿费用；不足部分，由监护人赔偿。"

《民法典》第一千一百八十九条规定："无民事行为能力人、限制民事行为能力人造成他人损害，监护人将监护职责委托给他人的，监护人应当承担侵权责任；受托人有过错的，承担相应的责任。"

行为的成年人。第一千一百八十八条同时还授权监护人在被监护人有财产的前提下，可以从被监护人本人财产中支付相应的赔偿费用，超出部分，仍然由监护人承担。

《民法典》第一千一百八十九条规定了委托监护责任。所谓委托监护，是指监护人有正当理由不能亲自履行监护职责时，将自己的监护职责部分或全部委托给他人代为履行的情形。委托监护须有监护人委托与受委托人接受委托的意思表示才能成立，故委托监护实际上是一种合同关系。委托监护根据委托职责范围的不同可以是全权委任，也可以是限权委任，但法定或指定监护人对被监护人应承担的民事责任，不因委托监护而移转，监护人转移的仅是监护职责。所以在委托监护关系中，委托人承担的仍然是无过错责任，而受托人承担的是与之过错相对应的责任。**例如在郭某诉韩某甲、吴某、韩某乙、韩某丙人身权纠纷一案中，韩某甲、吴某是韩某丙的父母，韩某乙是韩某丙的爷爷，某日韩某乙接走孙子韩某丙后，在附近花园让韩某丙与同学郭某自行玩耍。玩耍期间，韩某丙手持的一根竹棍脱手打在郭某左上腹部，造成郭某损伤。郭某的父母遂以郭某的名义诉至法院，要求韩某丙的法定监护人韩某甲、吴某及韩某丙的爷爷韩某乙共同承担赔偿责任。法院经过审理后，认为被告韩某甲、吴某作为韩某丙的法定监护人，其赔偿责任法定。韩某乙明知无民事行为能力人对自身的行为缺乏辨识和控制能力，监管人员负有高度的注意和保护义务，而其放任两儿童自行玩耍，未尽到足够的教育、监管责任，未能防止和避免损害发生，其对原告的损伤有间接责任，故由韩某乙承担 30% 赔偿责任，韩某甲和吴某承担 70% 的赔偿责任。**这是典型的委托监护案例，是最为常见的亲属间的无偿监护。从权利与义务相对等的角度出发，无偿监护承担的责任与有偿监护承担的责任加以区分，无偿监护承担责任相对轻些，还是十分合理的。这也与《民法典》第八百九十七条中的无偿保管人的责任以及第一千二百一十七条的好意同乘的基本理念保持了一致。

2. 用工责任

《民法典》第一千一百九十一条与第一千一百九十二条规范的是用人者责任，其中第一千一百九十一条是用人单位责任，通常我们也理解为劳动合同关系（包括劳务派遣）项下的用人责任。第一千一百九十二条是个人劳务之间的用人责任。第一千一百九十一条在《侵权责任法》第三十四条的基础上增加了用人单位的追偿权，修改了劳务派遣情形下，劳务派遣单位的责任形态。第一千一百九十二条与第一千一百九十一条保持一致，在《侵权责任法》第三十五条的基础上也增加了接受劳务一方的追偿权，同时还规定了第三人侵权的责任承担及相应的追偿权问题。

（1）劳动关系中的用人单位责任

广义的用人单位责任包括对内责任和对外责任。所谓对内责任，即指工作人员

《民法典》第一千一百九十一条分两款规定："用人单位的工作人员因执行工作任务造成他人损害的，由用人单位承担侵权责任。用人单位承担侵权责任后，可以向有故意或者重大过失的工作人员追偿。""劳务派遣期间，被派遣的工作人员因执行工作任务造成他人损害的，由接受劳务派遣的用工单位承担侵权责任；劳务派遣单位有过错的，承担相应的责任。"

《民法典》第一千一百九十二条分两款规定："个人之间形成劳务关系，提供劳务一方因劳务造成他人损害的，由接受劳务一方承担侵权责任。接受劳务一方承担侵权责任后，可以向有故意或者重大过失的提供劳务一方追偿。提供劳务一方因劳务受到损害的，根据双方各自的过错承担相应的责任。""提供劳务期间，因第三人的行为造成提供劳务一方损害的，提供劳务一方有权请求第三人承担侵权责任，也有权请求接受劳务一方给予补偿。接受劳务一方补偿后，可以向第三人追偿。"

在工作时间、工作地点、因工作原因造成自身损害的，应认定为工伤，由用人单位承担工伤责任，这属于劳动法调整的范畴。对外责任即指工作人员因执行工作任务造成他人损害的，由用人单位承担侵权责任。此责任是无过错责任，与用人单位自身是否有过错没有关系，只要是工作人员确因执行工作任务造成他人损害的，用人单位就要对外承担责任。此次《民法典》还明确了当用人单位对外承担责任后，可以向有故意或者重大过失的工作人员进行追偿。也就是说，劳动者可能因为故意或者重大过失而成为部分责任的终局责任人。当然此处的追偿是有限制条件的，即以工作人员主观上存在故意或者重大过失为前提条件。并且为了防止用人单位将经营风险转嫁给工作人员，以及督促用人单位在生产经营过程中，要加强对工作人员的选任、管理、监督职责，此处的追偿并不是当然的全额追偿，而是要结合工作人员的过错程度、工作人员的经济负担能力、用人单位自身的过失等因素综合考虑。

（2）劳务派遣中的单位责任

《民法典》第一千一百九十一条第二款规定了劳务派遣法律关系中的责任承

《民法典》第一千一百九十一条第二款规定："劳务派遣期间，被派遣的工作人员因执行工作任务造成他人损害的，由接受劳务派遣的用工单位承担侵权责任；劳务派遣单位有过错的，承担相应的责任。"

担。所谓劳务派遣是指劳务派遣单位招聘员工，并与之签订劳动合同，将员工派遣到用工单位工作，其劳动过程由用工单位管理，其工资、福利、社会保险费等由用工单位提供给派遣单位，再由派遣单位支付给员工的一种特殊用工形式。劳务派遣单位作为用人单位，负责对人员的选任、监督、管理职责；接受劳务的单位是用工单位，享有对劳动者的指挥监督权。

实践中，基于各种原因，劳务派遣情形非常多见。例如，机关、事业单位因人员编制的限制，通过劳务派遣的方式以弥补人员不足的问题。又如，在一些劳动力密集企业，用人单位为了降低自身的用人风险，而通过第三人以劳务派遣的方式进行用工。劳务派遣关系中，同样也有对内对外责任区分。依据劳动合同法第五十八条的规定，派遣单位是劳动法意义的用人单位，承担所有用人单位的责任。也就是说工伤责任主体是用人单位。同时在《劳动合同法》第九十二条又规定了用工单位给被派遣劳动者造成损害的，劳务派遣单位与用工单位承担连带赔偿责任。对外责任，即是《民法典》第一千一百九十一条第二款规定的，当被派遣的工作人员因执行工作任务造成他人受损时，由接受派遣的单位也就是用工单位承担侵权责任。同时，如果用人单位有过错的，承担相应的责任。

与一般的劳动关系中用人单位的对内对外责任不同，劳务派遣因用工单位的介入，成为了对外的责任主体，主要因为劳务派遣中，"用人"与"用工"分离，导致劳务派遣单位对被派遣的员工失去了实际指挥、控制和监督权，而接受劳务派遣的单位则是工作人员的直接用工主体，对工作人员有一个监督管理的权利和义务，由其承担对外的侵权责任，相对较为公平。此次《民法典》还将《侵权责任法》第三十四条第二款的"劳务派遣单位有过错的，承担补充责任"修改为

"劳务派遣单位有过错的，承担相应的责任"。这意味着用人单位即劳务派遣单位承担的将不再是补充责任而是与过错相对应的责任。补充责任承担的前提是直接行为人赔偿不足或者赔偿不能，因此补充责任人享有抗辩权，在直接侵权人没有穷尽其责任承担能力之前，可以拒绝承担补充责任。因此先前的法律规定劳务派遣单位仅承担补充责任实际上弱化了劳务派遣单位的责任，用人单位可能会想尽办法规避承担责任、这亦可能导致权利与责任不相称的后果。因此将该条款修改为"承担相应的责任"是一种进步，这也将更好地约束用人单位，提高其选任，管理人员的水平。劳务派遣单位的过错主要体现在选任方面的过错，即劳务派遣单位作为用人单位在招聘、录用被派遣员工时应当对员工的能力、资质以及所任职务是否胜任进行必要的考察，如未尽到选任责任的，则由其承担与之过错相对应的对外责任。

（3）个人劳务关系中接受劳务一方的责任

此次《民法典》第一千一百九十二条仍然沿用了《侵权责任法》第三十五条的规定，并且增加了追偿权以及因第三人行为造成损害的责任承担的相关内容。个人劳务关系中，对外责任与用人单位责任相同，即提供劳务的一方造成他人损害的，由接受劳务一方承担责任。此处的对外责任增加了接受劳务一方对外承担责任后的追偿权。但是个人劳务关系中的对内责任与用人单位的工伤责任不同，即提供劳务的一方因劳务自身受到损害的，根据双方的过错来确定责任。这主要考虑到个人并不能通过购买工伤保险来分散自身的风险，而其偿债能力与单位相比通常较弱，如果让个体对内也承担无过错责任，显然不利于这种法律关系的存续与发展。个人劳务关系最为典型的就是家政服务员，**例如在唐某某诉育某提供劳务者受害责任纠纷一案中，唐某**

某自 2006 年起在育某家提供家政服务，2017 年某日，唐某某在房屋院内种菜，发现由其搭建的黄瓜架有些松动，在把竹竿拔起重插的过程中摔倒受伤。因赔偿事宜无法达成一致，唐某某遂诉至法院。一审法院认为唐某某作为完全民事行为能力人，未尽到小心谨慎的义务，对自己受伤存在一定的过错，育某作为雇主未为劳动者提供必要的安全保障，存在主要过错，最终确定唐某某自担 20% 的责任，雇主育某承担 80% 的赔偿责任。育某不服上诉，二审**法院经审理后认为"唐某某在从事家政服务工作之前在家务农，且到事发时唐某某在育某家中从事家政工作亦有十余年，其作为具有丰富经验的家政服务从业人员，应具备较高的职业素养和自我保护意识，对于自己在家政服务中的活动能力应有足够的认知，故唐某某对其在搭建黄瓜架过程中因未尽到安全注意义务不慎摔伤的后果具有明显过错。育某作为接受劳务一方，年事已高，行动不便，**庭审中，双方均认可唐某某摔伤系早晨，**故育某对唐某某的摔伤无法预见或提供相应保护措施，其在唐某某摔伤一节中并不存在过错。**且在事发后育某亲属及时将唐某某送医救治，并垫付了相关费用，对唐某某的损害已尽到积极救治的义务"。最终二审法院改判，驳回了唐某某的诉讼请求。此案即是十分典型的个人劳务关系中，提供劳务的一方在工作过程中受伤，应当如何确定责任。一审法院从接受劳务一方应当为提供劳务一方提供相应的生产设备或者采取相应的安全保护措施出发，从而认定其承担主要责任。二审法院认为作为个体，接受劳务一方的安全保障义务不是无限的，而应当是与之能力相匹配，包括是否可以预见，是否可以采取措施避免。本案中虽然种菜是唐某某应育某要求所做，但是一方面种菜并未超出作为有丰富务农、家政服务经验的唐某某的能力范围，同时唐某某系在育某并不知情的情况下自行开展了搭建工作，所以育某对此并没有过错。

根据个人劳务关系中提供劳务一方自身受伤系过错归责原则，没有过错即不承担责任。

此次，在个人劳务关系中，还增加了第三人侵权的责任承担，即赋予了提供劳务一方选择权。其既可以向真正的侵权人请求赔偿，也可以向接受劳务一方请求补偿。接受劳务一方补偿后，可以向真正的侵权人追偿。特别需要指出的是，此处接受劳务一方并不是赔偿，而是补偿，与接受劳务一方对内责任为过错责任保持了逻辑一致。

（4）网络侵权责任

《民法典》在《侵权责任法》第三十六条的基础上，吸收了最高人民法院《关于审理利用信息网络侵害人身权益民事纠纷案件适用法律若干问题的规定》中的相关条文的精神，用了四个条文，构成了网络侵权的基本规则。其中第一千一百九十五条、一千一百九十六条，构成了"通知—删除—反通知—恢复"完整的权利救济路径，也就是说权利人认为他人利用网络侵害其权利了，可以向网络服务提供者发送通知，告知其侵权的基本情况，网络服务提供者经过初步审核后，应当将该通知转送给相关的网络用户，同时采取一些阻却继续侵权的措施，例如断开链接等。收到通知的网络用户如认为自身没有侵权的，可以向网络服务提供者发送反通知，网络服务提供者收到反通知后，应当转送权利人，并且告知其通过其他渠道进行权利救济。在合理时间内，如权利人未告知其已经通过其他渠道救济的，网络服务提供者应当采取恢复措施。

《民法典》第一千一百九十五条是网络服务者的一个免责条款，也称之为网络服务者的避风港规则，也就是说如果网络服务提供者按照第一千一百九十五条的规定采取了必要的措施，就不需要承担责任。

第一千一百九十五条对于通知内容，要求应当包括构成侵权的初步证据及权利人的真实身份信息，这也是为了防止恶意权利救济。此规定源于最高人民法院《关于审理利用信息网络侵害人身权益民事纠纷案件适用法律若干问题的规定》的第五条的规定。当然此处并没有明确所谓初步证据具体包括什么内容，实践中，对于网络服务提供者而言，仍然会是一个考验，需要把握好尺度。既不是严苛到足以认定侵权的证据，也不是宽泛到只要是证据即可。可以从侵权构成要件出发，作形式上的审核。

《民法典》第一千一百九十五条第二款与《侵权责任法》三十六条的规定相比，并没有具体列举措施，而是用了概括性的描述，即"必要措施"，赋予了网络服务提供者更多的适用空间，也避免了一些商家恶意利用"通知—删除"规则来进行不正当竞争的情形。必要措施包括删除、屏蔽、断开链接、暂时中止对该网络用户提供服务、提供担保等。

《民法典》第一千一百九十五条第三款规定了权利人因错误通知造成网络用户或者网络服务提供者损害的，应当承担侵

《民法典》第一千一百九十五条分三款规定："网络用户利用网络服务实施侵权行为的，权利人有权通知网络服务提供者采取删除、屏蔽、断开链接等必要措施。通知应当包括构成侵权的初步证据及权利人的真实身份信息。""网络服务提供者接到通知后，应当及时将该通知转送相关网络用户，并根据构成侵权的初步证据和服务类型采取必要措施；未及时采取必要措施的，对损害的扩大部分与该网络用户承担连带责任。""权利人因错误通知造成网络用户或者网络服务提供者损害的，应当承担侵权责任。法律另有规定的，依照其规定。"

权责任。法律另有规定的，依照其规定。

这一款来自最高人民法院《关于审理利用信息网络侵害人身权益民事纠纷案件适用法律若干问题的规定》的第八条的规定，是一种过错责任，是为了防止权利人滥用权利，甚至是恶意投诉，明确了因为权利人错误通知造成任意方损害的，应当进行赔偿。

《民法典》第一千一百九十六条是《民法典》新增加的内容，即设置了"反通知—恢复"规则。反通知的规定，给了网络用户一个申辩的机会还是十分必要的。如果法律不设置反通知规则，则仅凭借法条本身过于简单的规则会对合法行使权利的网络用户十分不公平，对未侵权网络用户不利，也为司法机关增加了负担。在网络侵权责任的法律规定中设置了"通知—删除"规则，就必须配置"反通知—恢复"规则，否则就会造成网络关系中各方当事人的利益不平衡。若网络服务提供者仅凭被侵权人一面之词就将"侵权网络用户"发布的信息删去或阻止访问，后"侵权人网络用户"提起诉讼并向网络服务提供者索赔，那网络服务提供者则将承担错误删除内容的责任。当"被侵权人"滥用权利作出不实通知时，仅有"通知—

《民法典》第一千一百九十六条分两款规定："网络用户接到转送的通知后，可以向网络服务提供者提交不存在侵权行为的声明。声明应当包括不存在侵权行为的初步证据及网络用户的真实身份信息。""网络服务提供者接到声明后，应当将该声明转送发出通知的权利人，并告知其可以向有关部门投诉或者向人民法院提起诉讼。网络服务提供者在转送声明到达权利人后的合理期限内，未收到权利人已经投诉或者提起诉讼通知的，应当及时终止所采取的措施。"

删除"规则极有可能损害网络侵权用户以及其他网络用户的合法权益。没有"反通知—恢复"规则,就难以克服上述网络侵权责任确认中的困境。因此,网络服务提供者在接到网络用户的书面反通知后,应当及时恢复被删除的内容,或者取消屏蔽,或者恢复被断开的内容的链接,同时将网络用户的反通知转送通知的发送人。反通知的目的就是使通知失效。

确立了网络侵权中的反通知规则将使我国的网络侵权责任规则形成完善的规范体系。使得《民法典》所规定的网络侵权责任,与电子商务知识产权侵权责任、网络交易产品或者服务侵权责任一起构成《侵权责任法》与网络有关的侵权责任的类型体系。

《民法典》第一千一百九十六条中还规定了网络服务提供者在转送声明到达权利人后的合理期限内,未收到权利人已经投诉或者提起诉讼通知的,应当及时终止所采取的措施。这一规定的意义在于督促权利人及时通过诉讼、投诉的方式来解决纠纷。但是《民法典》中并没有明确合理期限是多久,目前我国关于反通知的网络侵权案件数量较少,在侵犯知识产权领域,参考电子商务法的规定,适用15天的期限。在其他领域,例如肖像权等,也可以15天为参考,确定合理期限。

(5)安全保障义务

安全保障义务是一种作为义务,即保障义务人应当在合理限度内通过采取一定的积极行为,防止或者制止他人受到损害。而承担违反安全保障义务的责任,系因为保障义务人不作为致使他人受到损害而承担的责任。

安全保障义务最早出现在2003年最高人民法院《关于审理人身损害赔偿案件适用法律若干问题的解释》(以下简称"人身损害司法解释")第六条的规定,至2009年《侵权责任法》出台后,其第三十七

《民法典》第一千一百九十八条分两款规定："宾馆、商场、银行、车站、机场、体育场馆、娱乐场所等经营场所、公共场所的经营者、管理者或者群众性活动的组织者，未尽到安全保障义务，造成他人损害的，应当承担侵权责任。""因第三人的行为造成他人损害的，由第三人承担侵权责任；经营者、管理者或者组织者未尽到安全保障义务的，承担相应的补充责任。经营者、管理者或者组织者承担补充责任后，可以向第三人追偿。"

条吸收了司法解释的规定，并作了一定的调整。此次《民法典》第一千一百九十八条延续了《侵权责任法》的规定，并在其基础上做了完善和补充。一是扩大了安全保障义务的主体范围，将高频发生安全保障义务纠纷的机场、体育场馆列举出来；二是主体除管理者，还增加了经营者，使得表述上更为严谨；三是参照人身损害司法解释第六条第二款的规定，增加了第三人侵权情形下经营者、管理者、组织者的追偿权。

安全保障义务可以是安全保障义务人的合同义务，也可以是对没有合同关系的不特定主体的法定义务。对公共场所的经营者、管理者以及群众性活动的组织者课以法定的安全保障义务，是基于上述经营者、管理者、组织者对于公共场所以及群众性活动场所均具有绝对的控制力。这种控制力表现为可以防止或者制止危险的发生，在危险发生后，能够帮助受害人及时进行救治等。并且上述主体往往能从经营、管理活动中获得利益，由其对进入到该公共区域的不特定的人群承担安全保障义务，与之得利相较，并未超出合理范围，符合收益和风险相一致的原则。

　　违反安全保障义务责任，根据损害的发生是否因第三人侵权所致，又可以将违反安全保障义务责任分为直接责任和补充责任两类。

　　所谓直接责任，顾名思义即安全保障义务人未尽保障义务直接导致受害人受到伤害应承担的责任。**例如，在原告黄某某诉被告某医院健康权纠纷一案中，原告黄某某就医过程中于医院门诊大厅内摔倒，在确定某医院是否尽到了安全保障义务时，**法院认为"某医院虽然辩称事发当日其已经在医院门诊大厅内铺设了地毯，但由于事发当日为雨天，且上午九时许恰为就诊高峰期，人员流动量较大，作为医院门诊大楼的主要进出通道，应当设置醒目的警示标志，并采取更为人性化的举措，如设置专人引导或协助进出人员包裹雨具、分流人群等，以防止雨水滴落造成地面湿滑。但从在案证据来看，某医院作为一家三级甲等医院，并未尽到合理限度内的安全保障义务，故黄某某的摔倒受伤与某医院未尽安全保障义务之间存在一定的因果关系"。最终法院判决某医院承担 20% 的赔偿责任。**在该案中，法院即依据某医院未设置警示标志，未采取更合理措施以防止损害的发生，认定某医院没有尽到完全的安全保障义务，所以应当承担一定的赔偿责任。**此处承担的责任即为直接责任，也是终局责任。

　　所谓补充责任，即系因第三人侵权的原因直接导致了受害人受到伤害，安全保障义务人并非实施侵权行为人，而是因为其疏于管理，客观上为侵权人实施行为创造了条件，所以应当在与危险发生的防控能力相适应的范围内承担责任。这种责任比例是在第三人的侵权责任范围内与之未尽义务之大小相当。并且这种责任具有后顺位性，即只有在实际侵权人下落不明或者实际侵权人不能偿付时，才由安全保障义务人承担与之过错相对应的责任。**最为典型的就是"银河宾馆案"，此案也是推动了安全保障义务立法的经典案例。1998 年，受害人王某在银河宾馆**

客房里遭抢劫遇害。警方事后从监控资料中发现，凶手在入室作案前尾随王某，并在不到两小时内，7次上下电梯，而宾馆安保人员无一人上前盘问。王某近亲属遂诉至法院，要求宾馆赔偿。此案**最终法院认定王某与宾馆之间系合同关系，宾馆承诺24小时保安巡视，所以应当承担违约责任。王某系因他人行凶死亡，与宾馆不作为之间不具有因果关系，不构成侵权责任。最终酌情判决宾馆赔偿8万元。此案是典型的第三人侵权情形下的违反安全保障义务责任。**当时，尚未有安全保障义务相关的法律规定，法院智慧地通过引述合同义务从而最终作出公平和正义的判决，这也大大推动了将安全保障义务纳入法律的进程。

（6）产品责任

此次《民法典》第一千二百零三条沿用了《侵权责任法》第四十三条的规定，但是删除了《侵权责任法》第四十二条的规定，即因销售者的过错使产品存在缺陷，造成他人损害的，销售者应当承担侵权责任。销售者不能指明缺陷产品的生产者也不能指明缺陷产品的供货者的，销售

《民法典》第一千二百零三条分两款规定："因产品存在缺陷造成他人损害的，被侵权人可以向产品的生产者请求赔偿，也可以向产品的销售者请求赔偿。""产品缺陷由生产者造成的，销售者赔偿后，有权向生产者追偿。因销售者的过错使产品存在缺陷的，生产者赔偿后，有权向销售者追偿。"

者应当承担侵权责任。

　　删除了《侵权责任法》第四十二条相关规定的最大好处是使得实践中对于销售者承担责任的归责原则不会再有争议。长期以来，因为第四十二条的规定，相当一部分人认为在产品责任中，生产者承担的是严格责任，也就是无过错责任，而销售者承担的是过错责任。而这次立法者的态度非常明确，生产者与销售者对消费者而言承担的都是无过错责任。在内部追责时，要根据缺陷产生的原因来确定终局责任人是谁。

　　赋予受害人任意的选择权，一方面可以降低受害人的维权成本，**例如，一个上海人在上海的某个商场买了内蒙古某厂的商品，那受害人选择向销售商主张权利相对就较为便利；另一方面也可以使得偿付不能风险降到最低。**受害人可以根据具体情况来判断生产者、销售者哪一方的偿债能力强，从而选择对自己最为有利的一方来主张权利。

　　《民法典》第一千二百零七条继续保留了《侵权责任法》第四十七条规定的内容，并且增加了"或者没有依据前条规定采取有效补救措施"，将其纳入了惩罚性

《民法典》第一千二百零七条规定："明知产品存在缺陷仍然生产、销售，或者没有依据前条规定采取有效补救措施，造成他人死亡或者健康严重损害的，被侵权人有权请求相应的惩罚性赔偿。"

赔偿的范围。这里的有效补救措施，即指《民法典》第一千二百零六条规定的停止销售、警示、召回等。

实践中，对于产品责任具体适用何标准来确定惩罚性赔偿的金额，应当按照单行法的规定。最为典型的是《消费者权益保护法》第五十五条的规定，也就是通常所说的"退一赔三"，即"经营者提供商品或者服务有欺诈行为的，应当按照消费者的要求增加赔偿其受到的损失，增加赔偿的金额为消费者购买商品的价款或者接受服务的费用的三倍；增加赔偿的金额不足五百元的，为五百元。法律另有规定的，依照其规定。经营者明知商品或者服务存在缺陷，仍然向消费者提供，造成消费者或者其他受害人死亡或者健康严重损害的，受害人有权要求经营者依照本法第四十九条、第五十一条等法律规定赔偿损失，并有权要求所受损失二倍以下的惩罚性赔偿。"还有《食品安全法》第一百四十八条第二款的规定，也就是通常所说的"退一赔十"，即"生产不符合食品安全标准的食品或者经营明知是不符合食品安全标准的食品，消费者除要求赔偿损失外，还可以向生产者或者经营者要求支付价款十倍或者损失三倍的赔偿金；增加赔偿金额不足 1000 元的，为 1000 元。但是食品标签、说明书存在不影响食品安全且不会对消费者造成误导的瑕疵的除外"。

3. 好意同乘

《民法典》第一千二百一十七条也是此次《民法典》新增加的条款，通常称之为好意同乘（好意施惠）条款。实践中，这样的案例非常多，因为在《民法通则》《侵权责任法》中对此问题没有相应的规定，理论上存在不同的观点。有观点认为虽然是无偿搭乘，但是不意味着作为驾驶人可以降低谨慎驾驶义务，仍然要遵守交通法规。所以发生事故了，应当按照正常的交通事故进行赔偿。也有观点认为应当与有偿搭乘做一定的区别，这是从其无偿性，鼓励善良风俗的角度出发，对无偿搭乘的原则上要减轻赔偿责任。

《民法典》第一千二百一十七条规定："非营运机动车发生交通事故造成无偿搭乘人损害，属于该机动车一方责任的，应当减轻其赔偿责任，但是机动车使用人有故意或者重大过失的除外。"

此次《民法典》采取的是后一种观点，一方面体现了鼓励无偿搭乘，对此给予了正面评价，符合社会主义核心价值观；另一方面也要求驾驶人在无偿搭乘时，仍然要尽到谨慎驾驶的义务，如果存在故意或者重大过失的就不能减轻责任。**最为典型的是 2000 年的国足队员张某驾车撞树，致使无偿搭乘的队友曲某受伤瘫痪的案件。在此次交通事故中，张某全责，曲某无责。双方就赔偿事宜未能达成一致，最终诉至法院。最终法院判决张某赔偿 234 万元，其中精神损害抚慰金高达 70 万元。在该案中，张某采取措施不当，显然存在重大过失，造成了严重的损害后果，不应减轻责任。**

对于好意同乘情形，是否可以适用自甘冒险原则，即《民法典》第一千一百七十六条的规定？例如，明知驾驶人是酒驾，仍然自愿乘坐，是否可以认定无偿搭乘属于明知有风险，仍然愿意冒这个风险，所以发生事故了，应当由无偿搭乘人自行承担损失。对此，应当认为不属于自甘冒险适用的范围。如前所述，自甘冒险原则适用的范围应当为具有一定的风险的文体活动，是为了鼓励大家参加积极的、有利于身体健康的，但确实存在一定风险的活动，而明知他人是酒驾仍然搭乘的，显然不属于这个范围。

此外，本条适用的前提是非营运车辆，通常指的是私家车。实践中有些超市也配备了免费的班车供顾客乘坐，**例如，张大妈搭乘某超市的免费班车到超市购物，在行使过程中发生事故，班车全责，张大妈受伤，超市以好意同乘为由要求减轻责任，是否可以适用？这类情况还不少见，作为商业行为的配套服务，其虽然是免费的，但不能将其割裂来看，要与整个商业行为捆绑在一起。超市提供免费的班车，就是为了吸引更多的消费者去消费，而消费行为又能为超市获取利益，所以不能简单地认为免费班车就是非营运车辆，不应适用好意同乘条款。**

4. 患者隐私和个人信息保密

《民法典》第一千二百二十六条与《侵权责任法》相比作了两处修改，一是在《侵权责任法》第六十二条规定的隐私的基础上，增加了个人信息，与人格权编中的个人信息受到保护遥相呼应，充分体现了《民法典》的人文关怀。二是删除了《侵权责任法》第六十二条规定的造成患者损害的条件，只要擅自泄露、擅自公开，即对患者的人格权造成了损害，包括隐私权及个人信息，就应当承担侵权责任。当然此处的侵权责任不能简单地认为就是赔偿损失，还包括赔礼道歉、停止侵害、消除影响等行为方式承担侵权责任，如果造成精神严重痛苦的，还可以承担精神损害抚慰金。如果患者认为造成财产损害的，则需要举证证明确有财产损失，且与侵害行为之间存在因果关系。

5. 环境污染和生态破坏责任

第一千二百三十二条是新增加的条文，在环境生态责任中增加了惩罚性赔偿制度。整个侵权责任编中涉及惩罚性赔偿责任的有三个条文，一是在一般规定中的第一千一百八十五条，故意侵犯知识产权，且情节严重的，可以主张惩罚性赔偿；二是在产品责任中第一千二百零七条，明知产品存在缺陷仍然生产、销售，或者没有依据前条规定采取有效措施，造成他人死亡或者健康严重损害的，有权请求惩罚性赔偿；三即是本条的规定。

《民法典》第一千二百三十二条需注意适用的前提，一是行为人主观是故意，而非过失；二是必须造成严重后果；三是此处的惩罚性赔偿也是与损害后果相对应的，所以用了相应的。具体考量因素包括但不限于：（1）侵权人的过错程度；（2）污染物的种类、浓度、排放量、破坏生态的方式、范围、程度；（3）侵权行为

> 《民法典》第一千二百二十六条规定："医疗机构及其医务人员应当对患者的隐私和个人信息保密。泄露患者的隐私和个人信息，或者未经患者同意公开其病历资料的，应当承担侵权责任。"

> 《民法典》第一千二百三十二条规定："侵权人违反法律规定故意污染环境、破坏生态造成严重后果的，被侵权人有权请求相应的惩罚性赔偿。"

所造成的后果，如被侵权人遭受的实际损失等；（4）侵权人因侵权行为所获得的利益；（5）侵权人承担责任的经济能力；（6）侵权人已经受到的刑事或者行政处罚；（7）受诉法院所在地平均生活水平；（8）案件的社会影响等。

6. 高空抛物

《民法典》第一千二百五十四条高空抛物条款，是侵权责任编最引人注目的条款之一，受到社会公众的广泛关注。此次第一千二百五十四条在《侵权责任法》第八十七条的基础上作了较大程度的补充和完善。

一是增加了宣示性条款，明确了法律对高空抛物行为的否定性评价，也就是第一千二百五十四条第一款规定的禁止从建筑物中抛掷物品。

二是增加了可能加害的建筑物使用人补偿后的追偿权。第一千二百五十四条第一款中明确了赔偿主体确认的顺序，首先应当由侵权人承担责任。在经过调查后，难以确定侵权人的，除了能证明自己不是侵权人之外，由可能加害的建筑物使用人给予补偿。补偿后，可以向侵权人追偿。

《民法典》第一千二百五十四条规定："禁止从建筑物中抛掷物品。从建筑物中抛掷物品或者从建筑物上坠落的物品造成他人损害的，由侵权人依法承担侵权责任；经调查难以确定具体侵权人的，除能够证明自己不是侵权人的外，由可能加害的建筑物使用人给予补偿。可能加害的建筑物使用人补偿后，有权向侵权人追偿。物业服务企业等建筑物管理人应当采取必要的安全保障措施防止前款规定情形的发生；未采取必要的安全保障措施的，应当依法承担未履行安全保障义务的侵权责任。发生本条第一款规定的情形的，公安等机关应当依法及时调查，查清责任人。"

也就是说补偿后，能够确定侵权人了，可以由补偿人向侵权人追偿。

三是强调了物业服务企业等建筑物管理人的安全保障义务，即《民法典》第一千二百五十四条第二款的规定，物业服务企业等建筑物管理人应当采取必要的安全保障措施防止前款规定情形的发生，未采取必要的安全保障措施的应当依法承担未履行安全保障义务的侵权责任。此条赋予了物业服务企业除了合同义务之外的法定安全保障义务。当然，《民法典》并没有明确规定具体的必要措施形式，实践中也不应以一刀切的标准确定，而是要根据小区的情况、条件、物业服务企业的收费标准、物业合同的义务约定等多方面的因素来确定。

四是增加了公安等机关的调查义务，这也是此次高空抛物条款最大的一个亮点。在《民法典》第一千二百五十四条第一款中明确了经过调查难以确定侵权人的才可以用补偿规则。第三款中明确了调查义务人为公安等机关。这一条有公法规范的性质，体现了《民法典》用公法私法结合的方式进行社会治理。当然这也与高空抛物在《民法典》出台之前，已经广泛引起立法者的关注以及社会的热议有关。并且在2019年11月，最高人民法院印发《关于依法妥善审理高空抛物、坠物案件的意见》，提出了十六条具体措施，明确了对故意高空抛物，根据具体情形以危险方法危害公共安全罪、故意伤害罪或故意杀人罪论处，特定情形要从重处罚；对高空坠物构成犯罪的，也要依法定罪处罚。当然这一条规定了调查义务人是公安等机关，公安等机关应当采取何种调查措施，不属于《民法典》规范的范畴，应以公安机关的办案规则来确定。**例如，2018年广东东莞地区发生的天降半只苹果砸瘫楼下女婴的案件。公安机关介入调查后，通过DNA取证分析，最终找到了扔苹果的11岁女孩。这就是一个典型的公安机关行使调查义务的案例。**当然《民法典》这么规定了，确实会给公安等机关带来很大的压力。并且在这类民事案件中，程序如何完善，也需要进行一个制度设计。公安等机关经调查仍然无法查清，是否需要出具说明或者结案报告等，都需要实践中予以明确。但无论怎样，高空抛物条款都是整个侵权责任编最大的亮点，并且是侵权责任编中最受普通百姓关注的条款。社会普遍的反响较好，也充分体现了《民法典》与时俱进的特征。

后　记

　　《民法典》自 2021 年 1 月 1 日起施行，我国进入"民法典时代"。《民法典》共 7 编 1260 条、10 万多字，是我国法律体系中条文最多、体量最大、编章结构最复杂的一部法律，是对 1949 年以来分散民事立法的系统整合、编订纂修。为了便于大众深入了解《民法典》、深度学习《民法典》，上海人民出版社决定策划出版一本体系完整、内容精炼、案例典型的《民法典》简要读本，旨在阐述《民法典》的编纂背景、精髓要义，并选定了编写人员，指定由我主编。

　　参与本书编写的作者多为上海市民法典宣讲团成员。在《民法典》编纂起草过程中，这些作者均积极参与、建言献策。作者及其分工如下：

　　刘士国：复旦大学教授、温州大学名誉教授，法学博士，博士生导师。中国法学会民法学研究会副会长、中共上海市委法律顾问、中国法学会民法典编纂项目领导小组成员。撰写导读、人格权编并统编全书。

　　张丹：上海立信会计金融学院讲师、法学博士，撰写总则编。

　　王康：上海政法学院教授、法学博士、民法方法与案例研究中心主任，撰写物权编。

　　孟高飞：上海市浦东新区人民法院四级高级法官、法学博士，撰写合同编。

　　李霞：华东政法大学教授、法学博士、博士生导师，撰写婚姻家庭编、继承编。

王茜：上海市第一中级人民法院民事审判庭副庭长、三级高级法官，撰写侵权责任编。

在本书出版之际，谨向上海市司法局、上海市法宣办、上海人民出版社及相关领导、编辑表示衷心感谢！由于编者水平所限，敬请读者批评指正。

刘士国

2020 年 10 月 31 日

图书在版编目(CIP)数据

民法典必修课/刘士国主编.—上海：上海人民
出版社,2021
ISBN 978-7-208-16479-6

Ⅰ.①民… Ⅱ.①刘… Ⅲ.①民法-法典-中国-学
习参考资料 Ⅳ.①D923.04

中国版本图书馆 CIP 数据核字(2020)第 255077 号

责任编辑 冯 静
封面设计 一本好书

民法典必修课
刘士国 主编

出　　版　上海人民出版社
　　　　　　(200001 上海福建中路 193 号)
发　　行　上海人民出版社发行中心
印　　刷　上海商务联西印刷有限公司
开　　本　635×965 1/16
印　　张　16
插　　页　4
字　　数　185,000
版　　次　2021 年 1 月第 1 版
印　　次　2021 年 1 月第 1 次印刷
ISBN 978-7-208-16479-6/D·3598
定　　价　65.00 元